IDS48644

ICH DENKE DEIN

Deutsche Liebesgedichte
herausgegeben von Ingeborg Harnisch
Illustrationen von Max Schwimmer

Verlag der Nation · Berlin

ISBN 3-373-00145-5

8. Auflage 1990
Verlag der Nation Berlin
© für diese Ausgabe
Verlag der Nation Berlin 1966
Lizenz-Nr. 400/73/90
LSV 7900
Einband: Hans-Joachim Schauß
Lichtsatz: INTERDRUCK Graphischer Großbetrieb
Leipzig – III/18/97
Druck und buchbinderische Verarbeitung:
Buchkunst Leipzig, Betrieb der VOB National
Best.-Nr. 696 619 3
01180

Johann	Woher sind wir geboren?
Wolfgang	Aus Lieb.
Goethe	Wie wären wir verloren?

Ohn Lieb.

Was hilft uns überwinden?

Die Lieb.

Kann man auch Liebe finden?

Durch Lieb.

Was läßt nicht lange weinen?

Die Lieb.

Was soll uns stets vereinen?

Die Lieb.

Herz, mein Herz, was soll das geben?
Was bedränget dich so sehr?
Welch ein fremdes, neues Leben!
Ich erkenne dich nicht mehr.

Neue Liebe, neues Leben

Johann
Wolfgang
Goethe Herz, mein Herz, was soll das geben?
Was bedränget dich so sehr?
Welch ein fremdes, neues Leben!
Ich erkenne dich nicht mehr.
Weg ist alles, was du liebtest,
Weg, warum du dich betrübtest,
Weg dein Fleiß und deine Ruh –
Ach, wie kamst du nur dazu!

Fesselt dich die Jugendblüte,
Diese liebliche Gestalt,
Dieser Blick voll Treu und Güte
Mit unendlicher Gewalt?
Will ich rasch mich ihr entziehen,
Mich ermannen, ihr entfliehen,
Führet mich im Augenblick,
Ach, mein Weg zu ihr zurück.

Und an diesem Zauberfädchen,
Das sich nicht zerreißen läßt,
Hält das liebe, lose Mädchen
Mich so wider Willen fest;
Muß in ihrem Zauberkreise
Leben nun auf ihre Weise.
Die Veränderung, ach, wie groß!
Liebe! Liebe! laß mich los!

Abendständchen

Clemens Hör, es klagt die Flöte wieder,
Brentano Und die kühlen Brunnen rauschen,
Golden wehn die Töne nieder;
Stille, stille, laß uns lauschen!

Holdes Bitten, mild Verlangen,
Wie es süß zum Herzen spricht!
Durch die Nacht, die mich umfangen,
Blickt zu mir der Töne Licht.

Mondschnee

Eva Mondschnee liegt auf den Wiesen,
Strittmatter Wie ich von dir geh.
Wir lieben uns schon lange.
Nicht seit dem letzten Schnee.
Doch immer, wenn ich zu dir komm,
Wird mir noch so:
Ich weiß nicht, wer ich bin und wo,
Bin traurig und bin überfroh.
(Teils heidnisch und teils fromm.)

Jünglingsklage

Heinrich Winter, so weichst du,
von Kleist Lieblicher Greis,
Der die Gefühle
Ruhigt zu Eis.
Nun unter Frühlings
Üppigem Hauch
Schmelzen die Ströme –
Busen, du auch!

Blinde Liebe

Heinz Sag mir, wohin dich der Wind treibt,
Kahlau ich hoffe dort auf dich.
Zum Hoffen bleibt mir noch immer
zwischen Himmel und Erde der Strich.

Frage und Antwort

Eduard
Mörike
Fragst du mich, woher die bange
Liebe mir zum Herzen kam,
Und warum ich ihr nicht lange
Schon den bittern Stachel nahm?

Sprich, warum mit Geisterschnelle
Wohl der Wind die Flügel rührt,
Und woher die süße Quelle
Die verborgnen Wasser führt?

Banne du auf seiner Fährte
Mir den Wind in vollem Lauf!
Halte mit der Zaubergerte
Du die süßen Quellen auf!

Abend am Fluß

Franz
Fühmann Lichter, zitternd,
vom Atem des Abendwindes
bewegt, Traumbilder des ruhenden
dunkelkühlen Gewässers –

O wie euch der Fluß hinabträumt:
unwirkliche Monde aus rinnendem
Silber, Spiralen der Sterne,
tonlos schwingende Ufer –

Unsere Herzen
haben die Kuppel des Himmels erschüttert.
Der Fluß
tönt die Akkorde der Sehnsucht

leis wie ein sanft berührtes
gespanntes Tamburin
uralter Abendgefühle.

Die Lotosblume ängstigt

Heinrich Die Lotosblume ängstigt
Heine Sich vor der Sonne Pracht,
Und mit gesenktem Haupte
Erwartet sie träumend die Nacht.

Der Mond, der ist ihr Buhle,
Er weckt sie mit seinem Licht,
Und ihm entschleiert sie freundlich
Ihr frommes Blumengesicht.

Sie blüht und glüht und leuchtet,
Und starret stumm in die Höh';
Sie duftet und weinet und zittert
Vor Liebe und Liebesweh.

Die Nachtigall

Theodor
Storm Das macht, es hat die Nachtigall
Die ganze Nacht gesungen;
Da sind von ihrem süßen Schall,
Da sind in Hall und Widerhall
Die Rosen aufgesprungen.

Sie war doch sonst ein wildes Kind;
Nun geht sie tief in Sinnen,
Trägt in der Hand den Sommerhut
Und duldet still der Sonne Glut
Und weiß nicht, was beginnen.

Das macht, es hat die Nachtigall
Die ganze Nacht gesungen;
Da sind von ihrem süßen Schall,
Da sind in Hall und Widerhall
Die Rosen aufgesprungen.

Liebesflämmchen

Conrad
Ferdinand
Meyer
Die Mutter mahnt mich abends:
„Trag Sorg' zur Ampel, Kind!
Jüngst träumte mir von Feuer –
Auch weht ein wilder Wind."

Das Flämmchen auf der Ampel,
Ich lösch es mit Bedacht,
Das Licht in meinem Herzen
Brennt durch die ganze Nacht.

Die Mutter ruft mich morgens:
„Kind, hebe dich! 's ist Tag!"
Sie pocht an meiner Türe
Dreimal mit starkem Schlag.

Und meint, sie habe grausam
Mich aus dem Schlaf geschreckt –
Das Licht in meinem Herzen
Hat längst mich aufgeweckt.

Die Beiden

Hugo Sie trug den Becher in der Hand
von – Ihr Kinn und Mund glich seinem Rand –,
Hofmannsthal So leicht und sicher war ihr Gang,
    Kein Tropfen aus dem Becher sprang.

    So leicht und fest war seine Hand:
    Er ritt auf einem jungen Pferde,
    Und mit nachlässiger Gebärde
    Erzwang er, daß es zitternd stand.

    Jedoch, wenn er aus ihrer Hand
    Den leichten Becher nehmen sollte,
    So war es beiden allzu schwer:
    Denn beide bebten sie so sehr,
    Daß keine Hand die andre fand
    Und dunkler Wein am Boden rollte.

Liebesanfang

Rainer   O Lächeln, erstes Lächeln, unser Lächeln –
Maria   Wie war das Eines: Duft der Linden atmen,
Rilke   Parkstille hören –, plötzlich ineinander
aufschaun und staunen bis heran ans Lächeln.
In diesem Lächeln war Erinnerung
an einen Hasen, der da eben drüben
im Rasen spielte; dieses war die Kindheit
des Lächelns; ernster schon war ihm des Schwanes
Bewegung eingegeben, den wir später
den Weiher teilen sahen in zwei Hälften
lautlosen Abends... Und der Wipfel Ränder
gegen den reinen, freien, ganz schon künftig
nächtigen Himmel hatten diesem Lächeln
Ränder gezogen gegen die entzückte
Zukunft im Antlitz...

Blick-Begegnung

Franz   Ein Blick!
Werfel Ein Grüßen, Schmachten, Gleißen,
ein Wiedersehn von Sternenzeiten her!
Die Straße strömt,
das Schicksal ist bereit.
Ein rasches, heißes Voneinanderreißen!
Matt rückgewandt ein: Noch, noch ist es Zeit!
Und jetzt: Nie mehr!

Von der Liebe ein Lied

Wolfgang Wieg dich wie ein Segel leicht,
Tilgner   flieg als Vogel unerreicht,
rinn als Sand durch meine Hand:
bin doch nah und nahverwandt.

Reit als Welle meinen Leib,
gleit als Wind, im Winde bleib,
schlag wie Wetter auf mich her:
trag dich doch, ich bin das Meer.

Ein Beispiel von ewiger Liebe

Erich Im gelben Autobus ging's durch den Ort.
Kästner Schnell hinein. Schnell heraus.
Erstes Haus. Letztes Haus.
Fort.

Hab ich den Namen vergessen?
Ob ich ihn überhaupt las?
Es war eine Kleinstadt in Hessen,
zwischen Reben und Gras.

Du standest am Gartenrand,
als du mich plötzlich erblicktest.
Zärtlich hob ich die Hand.
Du nicktest.

Darf ich nicht du zu dir sagen?
War keine Zeit dazu,
lang um Erlaubnis zu fragen.
Ich sag du.

Ich wünschte so sehnlich,
ich stünde bei dir.
Ging dir's nicht ähnlich?
Ging dir's wie mir?

Der Zufall hat keinen Verstand.
Es heißt, er sei blind.
Er gab und entzog uns hastig die Hand,
wie ein ängstliches Kind.

Ich bin entschlossen, fest daran zu glauben,
daß du die Richtige gewesen wärst.
Du kannst mir diese Illusion nicht rauben,
da du sie nicht erfährst.

Du lehntest lächelnd am grünen Staket.
Es war im Taunus. Es war in Hessen.
Ich habe den Namen des Orts vergessen.
Die Liebe besteht.

Schöne Frau ging vorbei

Joachim
Ringelnatz

Eine Falte in deinem Kleid
Hat wie eine Woge geschaukelt,
Hat Träume mir vorgegaukelt:
Wie schön ihr seid, wie ihr seid.

Einer Woge glich diese Falte,
Von deinem Atem aufgewühlt.
Und trotzig hat diese kalte
Welle dein warmes Fleisch umspült.

Es glätten keine Bedenken solch
Bezaubernd wogende Faltung.
Ich ging an dir vorbei, wie ein Strolch
An einer städtischen Verwaltung.

Hoch über der Stadt

Johannes In dem Café
R. Becher „Hoch-über-der-Stadt",
Nahe dem Turm
Mit dem goldenen Zifferblatt,

Saß ein Liebespaar,
Hand in Hand,
Und er schwieg und er sah,
Und sie sah und verstand.

In dem Café
Hoch über der Stadt,
Wo es Wolken und
Sonne hat,

Ziehen die Wege fort
Über Land,
Pappeln stehn
Am Wegesrand,

Und die Welt ist
Wehend und weit!
Nahe dem Turm
Mit der goldenen Zeit

Saß ein Liebespaar,
Hand in Hand,
Und sie sah und sie schwieg –
Und er schwieg und verstand.

Du bist wie eine Blume

Heinrich Du bist wie eine Blume
Heine So hold und schön und rein;
Ich schau dich an, und Wehmut
Schleicht mir ins Herz hinein.

Mir ist, als ob ich die Hände
Aufs Haupt dir legen sollt',
Betend, daß Gott dich erhalte
So rein und schön und hold.

November

Manfred Du hast mir eine Kerze hingestellt.
Streubel In Zeit und Zimmer.
Ein Zeichen: zart. Das sich der Nacht gesellt.
Ein Schein. Ein Schimmer.

Daß meine Hände um den Flammenkern
sich ruhig runden.
Auf Dank bedacht. Wie leicht erlischt ein Stern.
So fern gefunden.

Und daß der Nebel doch nicht recht behält.
Durch den ich gehe.
Du hast mir eine Kerze hingestellt.
Daß ich dich sehe.

Picasso: Sylvette im Sessel

Rainer Sylvette, angetan mit ihrer Haut,
Kirsch sitzt ganz gerade in Picassos Holzsessel.
Stützt den Arm auf die geschweifte Lehne,
hält den Ölzweig wie ein Szepter,
sitzt auf einem Thron.

Keinen Sessel hat Sylvette zu Haus,
keinen gepolsterten, keinen aus Holz.
Weiß nicht, wie ein Thron aussieht;
ihr Märchenbuch mußte den Ofen heizen.
Pablos Sessel ist ihr Thron.

Welcher König auf seinem Thron,
nackt auf seinem goldnen Thron
könnte so sitzen, wie Sylvette sitzt,
ganz gerade in Picassos Holzsessel,
Sylvette, angetan mit ihrer Haut?

Geh unter, schöne Sonne

Friedrich Geh unter, schöne Sonne, sie achteten
Hölderlin Nur wenig dein, sie kannten dich, Heilge, nicht,
Denn mühelos und stille bist du
Über den Mühsamen aufgegangen.

Mir gehst du freundlich unter und auf, o Licht!
Und wohl erkennt mein Auge dich, herrliches!
Denn göttlich stille ehren lernt ich,
Da Diotima den Sinn mir heilte.

O du, des Himmels Botin! wie lauscht ich dir!
Dir, Diotima! Liebe! wie sah von dir
Zum goldnen Tage dieses Auge
Glänzend und dankend empor. Da rauschten

Lebendiger die Quellen, es atmeten
Der dunkeln Erde Blüten mich liebend an,
Und lächelnd über Silberwolken
Neigte sich segnend herab der Äther.

Wie willst du weiße Lilien

Friedrich Wie willst du weiße Lilien
von Logau Zu roten Rosen machen?
          Küß eine weiße Galatee:
          Sie wird errötend lachen.

Zu deinem Empfang

Ulrich Im Glas eine Rose
Grasnick zu deinem Empfang –
          aufblühen wird sie,
          und die kalten Pulsschläge
          einsamer Tage
          werde ich nicht mehr zählen,
          und Worte
          werden nicht mehr
          das leichte Gewicht
          eines Briefes haben.

Wenn du kommst,
bringst du Licht,
grüne Schatten, die der Wald
auf deine Stirn warf,
einen Nachmittag
mit duftendem Kaffee...
und eine Hand voll Schwalben.

Bald

Alfred Bald kommt der Sommer, und
Margul- Der Wald rauscht schwer.
Sperber Träumt noch dein trauter Mund
Silbern daher?

Ferne am Hange schwand
Deine Gestalt,
Gegen den Himmelsrand
Duftig gemalt.

Wenn du den Pfad feldein
Gehst durch das Land,
Trägst du den Abendschein
In deiner Hand.

Du schönes Fischermädchen

Heinrich
Heine Du schönes Fischermädchen,
Treibe den Kahn an Land;
Komm zu mir und setze dich nieder,
Wir kosen Hand in Hand.

Leg an mein Herz dein Köpfchen,
Und fürchte dich nicht zu sehr;
Vertraust du dich doch sorglos
Täglich dem wilden Meer.

Mein Herz gleicht ganz dem Meere,
Hat Sturm und Ebb' und Flut,
Und manche schöne Perle
In seiner Tiefe ruht.

Die erste Liebe

Christian Hätt ich das zuvor bedacht,
Weise Daß ein Blickchen solche Macht
Gegen unsre Seelen hätte,
Ach, so ging ich aufgericht,
Und mein Herze läge nicht
An der strengen Liebeskette!

Nun ist meine Freiheit hin,
Und ich muß den armen Sinn
An die eitle Schönheit binden!
Meine Freude liegt daran,
Ob ich bei der Liebsten kann
Liebe, Gunst und Gnade finden.

Unruhige Nacht

Conrad Ferdinand Meyer

Heut ward mir bis zum jungen Tag
Der Schlummer abgebrochen,
Im Herzen ging es Schlag auf Schlag
Mit Hämmern und mit Pochen.

Als trieb sich eine Bubenschar
Wild um in beiden Kammern,
Gewährt hat, bis es Morgen war,
Das Klopfen und das Hammern.

Nun weist es sich bei Tagesschein,
Was drin geschafft die Rangen;
Sie haben mir im Herzensschrein
Dein Bildnis aufgehangen!

Uralte Sehnsucht

Jo Schulz Weißt du es noch, vor tausend Jahren . . .
ich war ein Rohr im Urwaldried –
du warst ein blaues Vogellied
Hoch über mir.

Ach, wärst du hier!

Die Unken sind sich längst im klaren
darüber, was mich zu dir zieht;
die Flüsterhalme offenbaren:
er sehnt sich schon seit tausend Jahren.
Wird höchste Zeit, daß was geschieht.

Ich bin bei dir, du seist auch noch so ferne,
du bist mir nah!
Die Sonne sinkt, bald leuchten mir die Sterne.
O wärst du da!

Nähe des Geliebten

Johann
Wolfgang
Goethe

Ich denke dein, wenn mir der Sonne Schimmer
vom Meere strahlt;
Ich denke dein, wenn sich des Mondes Flimmer
in Quellen malt.

Ich sehe dich, wenn auf dem fernen Wege
der Staub sich hebt;
In tiefer Nacht, wenn auf dem schmalen Stege
der Wandrer bebt.

Ich höre dich, wenn dort mit dumpfem Rauschen
die Welle steigt;
Im stillen Haine geh' ich oft zu lauschen,
wenn alles schweigt.

Ich bin bei dir, du seist auch noch so ferne,
du bist mir nah!
Die Sonne sinkt, bald leuchten mir die Sterne.
O wärst du da!

Nun die Schatten dunkeln

Emanuel
Geibel Nun die Schatten dunkeln,
Stern an Stern erwacht:
Welch ein Hauch der Sehnsucht
Flutet durch die Nacht!

Durch das Meer der Träume
Steuert ohne Ruh,
Steuert meine Seele
Deiner Seele zu.

Die sich dir ergeben,
Nimm sie ganz dahin!
Ach, du weißt, daß nimmer
Ich mein eigen bin.

All mein gedanken

Unbekannter
Dichter All mein gedanken, die ich hab,
die sind bei dir.
du auserwelter einzger trost,
bleib stets bei mir!
du sollst an mich gedenken.
hätt ich aller wünsch gewalt,
von dir wollt ich nit wenken.

Du auserwelter einzger trost,
gedenk daran:
mein leib und seel, das sollt du gar
für eigen han.
dein will ich ewig bleiben.
du gibst kraft und hohen mut,
kannst all mein leid vertreiben.

Es ist ein schne gefallen

Unbekannter
Dichter Es ist ein schne gefallen
und es ist doch nit zeit,
man wirft mich mit den pallen,
der weg ist mir verschneit.

Mein haus hat keinen gibel,
es ist mir worden alt,
zerbrochen sind die rigel,
mein stüblein ist mir kalt.

Ach lieb, laß dichs erparmen,
daß ich so elend bin,
und schleuß mich in dein arme!
so fert der winter hin.

Der meien, der meien

Unbekannter
Dichter
Der meien, der meien
der bringt uns blümlein vil.
ich trag ein freis gemüte:
gott weiß wol, wem ichs wil.

Ich wills eim freien gsellen,
derselb der wirbt um mich:
er tregt ein seidin hemmat an,
darein so preist er sich.

Er meint, es sing ein nachtigal,
da wars ein junkfraw fein:
und kan sie im nicht werden,
trawret das herze sein.

Selige Sehnsucht

Johann
Wolfgang
Goethe Sagt es niemand, nur den Weisen,
Weil die Menge gleich verhöhnet:
Das Lebendge will ich preisen,
Das nach Flammentod sich sehnet.

In der Liebesnächte Kühlung,
Die dich zeugte, wo du zeugtest,
Überfällt dich fremde Fühlung,
Wenn die stille Kerze leuchtet.

Nicht mehr bleibest du umfangen
In der Finsternis Beschattung,
Und dich reißet neu Verlangen
Auf zu höherer Begattung.

Keine Ferne macht dich schwierig,
Kommst geflogen und gebannt,
Und zuletzt, des Lichts begierig,
Bist du Schmetterling verbrannt.

Und so lang du das nicht hast,
Dieses: Stirb und werde!
Bist du nur ein trüber Gast
Auf der dunklen Erde.

Laß tief in dir mich lesen

August von Platen

Laß tief in dir mich lesen,
Verhehl auch dies mir nicht,
Was für ein Zauberwesen
Aus deiner Stimme spricht!

So viele Worte dringen
Ans Ohr uns ohne Plan,
Und während sie verklingen,
Ist alles abgetan.

Doch drängt auch nur von ferne
Dein Ton zu mir sich her,
Behorch ich ihn so gerne,
Vergeß ich ihn so schwer!

Ich bebe dann, entglimme
Von allzurascher Glut:
Mein Herz und deine Stimme
Verstehn sich gar zu gut!

Wenn ich ein Vöglein wär

Unbekannter Wenn ich ein Vöglein wär
Dichter Und auch zwei Flüglein hätt,
Flög ich zu dir;
Weil's aber nicht kann sein,
Bleib ich allhier.

Bin ich gleich weit von dir,
Bin ich doch im Schlaf bei dir
Und red mit dir;
Wenn ich erwachen tu,
Bin ich allein.

Es vergeht keine Stund in der Nacht,
Da mein Herze nicht erwacht
Und an dich gedenkt,
Daß du mir viel tausendmal
Dein Herze geschenkt.

Kein Feuer, keine Kohle

Unbekannter   Kein Feuer, keine Kohle
Dichter   Kann brennen so heiß,
      Als heimliche Liebe,
      Von der niemand nichts weiß.

      Keine Rose, keine Nelke
      Kann blühen so schön,
      Als wenn zwei verliebte
      Seelen beieinander tun stehn.

      Setze du mir einen Spiegel
      Ins Herze hinein,
      Damit du kannst sehen,
      Wie so treu ich es mein.

Seit ich ihn gesehen

Adelbert
von
Chamisso
Seit ich ihn gesehen,
Glaub ich blind zu sein;
Wo ich hin nur blicke,
Seh ich ihn allein;
Wie im wachen Traume
Schwebt sein Bild mir vor,
Taucht aus tiefstem Dunkel
Heller nur empor.

Sonst ist licht- und farblos
Alles um mich her,
Nach der Schwestern Spiele
Nicht begehr ich mehr.
Möchte lieber weinen
Still im Kämmerlein;
Seit ich ihn gesehen,
Glaub ich blind zu sein.

Minnelied

Ludwig Hölty

Süßer klingt der Vogelsang,
Wann die Gute, Reine,
Die mein Jünglingsherz bezwang,
Wandelt durch die Haine.

Röter blühet Tal und Au,
Grüner wird der Rasen,
Wo die Finger meiner Frau
Maienblumen lasen.

Freude fließt aus ihrem Blick
Auf die bunte Weide,
Aber fliehet sie zurück,
Ach, so flieht die Freude.

Alles ist dann für mich tot,
Welk sind alle Kräuter,
Und kein Sommerabendrot
Dünkt mir schön und heiter.

Liebe, minnigliche Frau,
Wollest nimmer fliehen,
Daß mein Herz, gleich dieser Au,
Immer möge blühen.

Jägers Abendlied

Johann   Im Felde schleich ich still und wild,
Wolfgang Gespannt mein Feuerrohr,
Goethe   Da schwebt so licht dein liebes Bild,
Dein süßes Bild mir vor.

Du wandelst jetzt wohl still und mild
Durch Feld und liebes Tal,
Und ach, mein schnell verrauschend Bild,
Stellt sich dir's nicht einmal?

Des Menschen, der die Welt durchstreift
Voll Unmut und Verdruß,
Nach Osten und nach Westen schweift,
Weil er dich lassen muß.

Mir ist es, denk ich nur an dich,
Als in den Mond zu sehn;
Ein stiller Friede kommt auf mich,
Weiß nicht, wie mir geschehn.

Ständchen: Schifferliedchen

Gottfried Schon hat die Nacht den Silberschrein
Keller Des Himmels aufgetan;
              Nun spült der See den Widerschein
              Zu dir, zu dir hinan!

Und in dem Glanze schaukelt sich
Ein leichter dunkler Kahn;
Der aber trägt und schaukelt mich
Zu dir, zu dir hinan!

Ich höre schon den Brunnen gehn
Dem Pförtlein nebenan,
Und dieses hat ein gütig Wehn
Von Osten aufgetan.

Das Sternlein schießt, vom Baume fällt
Das Blust in meinen Kahn;
Nach Liebe dürstet alle Welt,
Nun, Schifflein, leg dich an!

Magd und Knecht

Theodor Kramer

Du bist die Magd, ich bin der Knecht,
der Bauer sitzt auf Hof und Grund;
du rückst dem Vieh die Streu zurecht,
die Glut schert mir den Nacken wund.
Der Bauer drinnen wird im Bett
des breiten Schlafes froh;
ein Streifen zwischen Brett und Brett
wär dein im Haberstroh.

Schon trägt die Sau, bald kalbt die Kuh,
vom Preßbaum tropft der Apfelschaum;
dein Dienst, mein Dienst geht immerzu
und trägt das nackte Leben kaum.
Die Bäurin leidet stumm und groß
die schwere Stunde vorn;
die Frucht verdürbe dir im Schoß
der Sud aus Mutterkorn.

Vorm Herd verstummt der Fliegen Schwall,
das braune Brot wird gar im Schacht;
der Faulbaum gleißt am Brunnenwall
zum Brechen süß die ganze Nacht.
Zwei Büschel – eines nimm davon –
leg ich aufs Bord dir hin:
ein Bündel Ackersenf und Mohn,
ein Sträußel Rosmarin.

Der Kirchenbesuch

Gottfried
Keller Wie ein Fischlein in dem Garn
Hat der Dom mich eingefangen,
Und da bin ich festgebannt,
Warum bin ich dreingegangen?
Ach, wie unter breiten Malven
Taubesprengt ein Röslein blitzt,
Zwischen guten Bürgerfrauen
Hier mein feines Liebchen sitzt!

Die Gemeinde schnarcht so sanft,
Wie das Laub im Walde rauschet,
Und der Bettler an der Tür
Als ein Räuber guckt und lauschet;
Doch wie eines Bächleins Faden
Murmelnd durchs Gebüsche fließt,
So die lange dünne Predigt
Um die Pfeiler sich ergießt.

Eichenbäume, hoch und schlank,
All die gotischen Pfeiler ragen;
Ein gewölbtes Blätterdach
Ihre krausen Äste tragen;
Untenher spielt hin und wieder
Dämmerhaft ein Sonnenschein;
Wachend sind in dieser Stille
Nur mein Lieb und ich allein.

Zwischen uns webt sich ein Netz
Von des Lichts gebrochnem Strahle,
Drin der Taufstein, grün und rot,
Wandelt sich zur Blumenschale;
Ein geflügelt Knäblein flattert
Auf des Deckels altem Knauf,
Und es gehen uns im Busen
Auch der Sehnsucht Rosen auf.

Weit hinaus, ins Morgenland,
Komm, mein Kind, und laß uns fliegen,
Wo die Palmen schwanken am Meer
Und die sel'gen Inseln liegen,
Flutend um die große Sonne,
Grundlos tief die Himmel blaun:
Angesichts der freien Wogen
Unsre Seelen frei zu traun!

An die ferne Geliebte

Louis
Fürnberg Wenn du nicht bei mir bist,
hängen die Blumen die Köpfe,
welk steht das Gras,
als hätte es nie ein Regen geküßt.
Und kein Gott erbarmt sich meiner,
dem ärmsten Geschöpfe
unter dem bleiernen Himmel,
wenn du nicht bei mir bist.

Wenn dich unsagbar Geliebte
mein Wort nur herbeirufen könnte!
Flög meine Seele zu dir
auf zartestem Flaum!
Schau – selbst wenn uns das Schicksal
die Ewigkeit gönnte,
wär sie kurz, Geliebte,
für unseren ewigen Traum!

Wenn du nicht bei mir bist,
schleichen die Stunden wie Greise,
unter der falben Last
ihres herbstlichen Alters gebückt.
Auf und ab im Zimmer wandl' ich
in endloser Reise,
während das Uhrwerk am Sims
erbarmungslos tickt.

Manchmal jagt die Leidenschaft himmelwärts
Bündel Raketen
und sie stieben zur Erde,
wie glühende Sternschnuppe fällt.
Bin doch der Zeit verbunden
mit tausend Fäden und Drähten,
Mensch dieser Zeit,
zu harten Taten und Opfern bestellt.

Wenn du nicht bei mir bist,
sind meine Träume vergebens –
trügrischer Schemen,
der im Dunkel zerfließt.
Dank ich dir, Geliebte,
das holde Geschenk meines Lebens –
lebe ich leblos,
wenn du nicht bei mir bist.

Brennende Liebe

Annette von Droste-Hülshoff

Und willst du wissen, warum
So sinnend ich manche Zeit,
Mitunter so töricht und dumm
So unverzeihlich zerstreut,
Willst wissen auch ohne Gnade,
Was denn so Liebes enthält
Die heimlich verschlossene Lade,
An die ich mich öfters gestellt?

Zwei Augen hab ich gesehn,
Wie der Strahl im Gewässer sich bricht,
Und wo zwei Augen nur stehn,
Da denke ich an ihr Licht.
Ja, als du neulich entwandtest
Die Blume vom blühenden Rain
Und ‚Oculus Christi‘ sie nanntest,
Da fielen die Augen mir ein.

Auch gibts einer Stimme Ton,
Tief, zitternd, wie Hornes Hall,
Die tuts mir völlig zum Hohn,
Sie folget mir überall.
Als jüngst im flimmernden Saale
Mich quälte der Geigen Gegell,
Da hört ich mit einem Male
Die Stimme im Violincell.

Auch weiß ich eine Gestalt,
So leicht und kräftig zugleich,
Die schreitet vor mir im Wald
Und gleitet über den Teich;
Ja, als ich eben in Sinnen
Sah über des Mondes Aug
Einen Wolkenstreifen zerrinnen,
Das war ihre Form, wie ein Rauch.

Und höre, höre zuletzt
Dort liegt, da drinnen im Schrein
Ein Tuch mit Blute genetzt,
Das legte ich heimlich hinein.
Er ritzte sich nur an der Schneide,
Als Beeren vom Strauch er mir hieb,
Nun hab ich sie alle beide:
Sein Blut und meine brennende Lieb.

Frühling

Else
Lasker-
Schüler Wir wollen wie der Mondenschein
Die stille Frühlingsnacht durchwachen,
Wir wollen wie zwei Kinder sein.
Du hüllst mich in dein Leben ein
Und lehrst mich so wie du zu lachen.

Ich sehnte mich nach Mutterlieb
Und Vaterwort und Frühlingsspielen,
Den Fluch, der mich durchs Leben trieb,
Begann ich, da er bei mir blieb,
Wie einen treuen Feind zu lieben.

Nun blühn die Bäume seidenfein
Und Liebe duftet von den Zweigen.
Du mußt mir Mutter und Vater sein
Und Frühlingsspiel und Schätzelein
Und ganz mein eigen.

Die Stille

Rainer   Hörst du, Geliebte, ich hebe die Hände –
Maria   hörst du: es rauscht . . .
Rilke   Welche Gebärde der Einsamen fände
sich nicht von vielen Dingen belauscht?
Hörst du, Geliebte, ich schließe die Lider,
und auch das ist Geräusch bis zu dir,
hörst du, Geliebte, ich hebe sie wieder . . .
. . . Aber warum bist du nicht hier.

Der Abdruck meiner kleinsten Bewegung
bleibt in der seidenen Stille sichtbar;
unvernichtbar drückt die geringste Erregung
in den gespannten Vorhang der Ferne sich ein.
Auf meinen Atemzügen heben und senken
die Sterne sich.
Zu meinen Lippen kommen die Düfte zur Tränke,
und ich erkenne die Handgelenke
entfernter Engel.
Nur die ich denke: Dich
seh ich nicht.

Dein Antlitz

Hugo
von
Hofmannsthal

Dein Antlitz war mit Träumen ganz beladen.
Ich schwieg und sah dich an mit stummem Beben.
Wie stieg das auf! Daß ich mich einmal schon
In frühern Nächten völlig hingegeben

Dem Mond und dem zuviel geliebten Tal,
Wo auf den leeren Hängen auseinander
Die magern Bäume standen und dazwischen
Die niedern kleinen Nebelwolken gingen

Und durch die Stille hin die immer frischen
Und immer fremden silberweißen Wasser
Der Fluß hinrauschen ließ – wie stieg das auf!

Wie stieg das auf! Denn allen diesen Dingen
Und ihrer Schönheit – die unfruchtbar war –
Hingab ich mich in großer Sehnsucht ganz,
Wie jetzt für das Anschaun von deinem Haar
Und zwischen deinen Lidern diesen Glanz!

Wie kannst du, Zögernde

Georg Wie kannst du, Zögernde, noch immer bangen,
Maurer als wäre Nacktheit eine letzte Grenze –
      und ist doch grade, daß sie das ergänze,
      worin wir uns verstricken und verfangen.

      Du meinst, daß das unendliche Verlangen
      hier stürbe – wie zur Zeit der Totentänze.
      O Kind, wie bist du doch in deinem Lenze
      im dunklen Gräberglauben noch befangen.

      Wie kann's dort enden, wo der Anbeginn
      der Sprache dieses ganzen Weltalls ist?
      Die Vögel schrein am Horizonte hin.

      Die Berge tauchen aus der Nacht und glänzen.
      Vom Lager heben Paare und ergänzen
      sich heiter, von der Sonne wachgeküßt.

Nun lass mich rufen

Stefan Nun lass mich rufen über die verschneiten
George Gefilde wo du wegzusinken drohst:
Wie du mich unbewusst durch die gezeiten
Gelenkt – im anfang spiel und dann mein trost.

Du kamst beim prunk des blumigen geschmeides.
Ich sah dich wieder bei der ersten mahd
Und unterm rauschen rötlichen getreides
Wand immer sich zu deinem haus mein pfad.

Dein wort erklang mir bei des laubes dorren
So traulich dass ich ganz mich dir befal
Und als du schiedest lispelte verworren
In seufzertönen das verwaiste tal.

So hat das schimmern eines augenpaares
Als ziel bei jeder wanderung geglimmt
So ward dein sanfter sang der sang des jahres
Und alles kam weil du es so bestimmt.

Blühe, blühe mir näher

Stephan Blühe, blühe mir näher,
Hermlin Holdes Abendgesicht.
Grüße im scheidenden Licht
Den erblindenden Späher.

Weißes Antlitz. Wie weiß
Unter dem kalten Mond,
Der die Nacht bewohnt,
Hinzieht auf Sternengleis.

Horch, jemand singt im Traum . . .
Weint mir dein banger Mund
Zu in später Stund
Unterm Mitternachtsbaum?

Ach, ich irre sehr
Im Labyrinth des Erträumten.
Aus dem Versäumten
Rettet uns niemand mehr.

Lege die zu weiße Hand
Tödlich mir aufs Haar.
Nacht schwillt wunderbar
Ins versinkende Land.

Weiter, o weiter,
Klagendes Gesicht.
Verlaß im dämmernden Licht
Deinen Begleiter.

Das Mädchen

Stefan Heut kann ich keine Ruhe finden . . .
Zweig Das muß die Sommernacht wohl sein.
Durchs offne Fenster strömt der Linden
Verträumter Blütenduft herein.

Oh Du mein Herz, wenn er jetzt käme
– die Mutter ging schon längst zur Ruh –
Und dich in seine Arme nähme . . .
Du schwaches Herz, . . . was tätest DU? . . .

Guter Morgen

Heinz Seit ich erwacht bin, träume ich von dir.
Kahlau Ich möchte wieder zwischen deine Arme.
Ich seh nach draußen, und dort rollt der Tau
wie über deinen Hals vom Gras, da wollen warme
und braune Knospen näher an das Licht.
Der Himmel macht sie munter. Er ist blau.
Am Waldrand kommt die Sonne aus der Nacht.
Ich sehne mich nach dir, ich bin erwacht.

Sehnsucht

Eduard
Mörike In dieser Winterfrühe
Wie ist mir doch zumut!
O Morgenrot, ich glühe
Von deinem Jugendblut.

Es glüht der alte Felsen
Und Wald und Burg zumal,
Berauschte Nebel wälzen
Sich jäh hinab das Tal.

Mit tatenfroher Eile
Erhebt sich Geist und Sinn,
Und flügelt goldne Pfeile
Durch alle Ferne hin.

Auf Zinnen möcht ich springen
In alter Fürsten Schloß,
Möcht hohe Lieder singen,
Mich schwingen auf das Roß!

Und stolzen Siegeswagen
Stürzt' ich mich brausend nach.
Die Harfe wird zerschlagen,
Die nur von Liebe sprach.

– Wie? schwärmst du so vermessen,
Herz, hast du nicht bedacht,
Hast du mit eins vergessen,
Was dich so trunken macht?

Ach wohl! was aus mir singet,
Ist nur der Liebe Glück,
Die wirren Töne schlinget
Sie sanft in sich zurück.

Was hilft, was hilft mein Sehnen?
Geliebte, wärst du hier!
In tausend Freudetränen
Verging die Erde mir.

Aus banger Brust

Richard
Dehmel Die Rosen leuchten immer noch,
die dunkeln Blätter zittern sacht;
ich bin im Grase aufgewacht,
o kämst du doch,
es ist so tiefe Mitternacht.

Den Mond verdeckt das Gartentor,
sein Licht fließt über in den See,
die Weiden schwellen still empor,
mein Nacken wühlt im feuchten Klee;
so liebt ich dich noch nie zuvor!

So hab ich es noch nie gewußt,
so oft ich deinen Hals umschloß
und blind dein Innerstes genoß,
warum du so aus banger Brust
aufstöhntest, wenn ich überfloß.

O jetzt, o hättest du gesehn,
wie dort das Glühwurmpärchen kroch!
Ich will nie wieder von dir gehn!
O kämst du doch!
Die Rosen leuchten immer noch.

Sommer

Georg Trakl Am Abend schweigt die Klage
Des Kuckucks im Wald.
Tiefer neigt sich das Korn,
Der rote Mohn.

Schwarzes Gewitter droht
Über dem Hügel.
Das alte Lied der Grille
Erstirbt im Feld.

Nimmer regt sich das Laub
Der Kastanie.
Auf der Wendeltreppe
Rauscht dein Kleid.

Stille leuchtet die Kerze
Im dunklen Zimmer;
Eine silberne Hand
Löschte sie aus;

Windstille, sternlose Nacht.

Kum, liebster man

Oswald
von
Wolkenstein ‚Kum, liebster man!
meins leibs ich dir wol gan
an abelan.
kum trautgesell,
glücklich fleuch ungevell!
kum, höchster schatz, zu tratz
der valschen zungen latz!
kum schier, meins herzen laid vertreib,
und tröst mich vil armes weib!
dein mänlich leib reicht sinn und muet
an mir für aller welte guet.'

Dein wort gepär
ringt all mein senlich swär,
frau, lieber mär,
seit mein begert
ain stolz weib junk, hoch, wert,
die mir das herz an smerz
verjüngt mit liebem scherz
gar wunniklichen manigvalt.
ir minniklich schön gestalt
macht mich nicht alt und pin ergetzt,
von klaren euglin mich benetzt.

,Schaiden mich nöt,
dein schaiden mich ertöt,
mein euglin röt
und pin verzuckt,
der sinn plösslich entruckt.
mein weiplich zucht, die frucht
fleust senlich ir genucht.
ob du mir kurzlich nicht enschreibst
und selb lang von mir beleibst,
wie du das treibst, so fürcht ich ser,
oder ich gesech dich nimmermer.'

Kume, kum, geselle mîn

Unbekannter   Kume, kum, geselle mîn,
Dichter   ih enbîte harte dîn,
ih enbîte harte dîn,
kume, kum, geselle mîn.

Süezer rôsenvarwer munt
kum und mache mih gesunt.
kum und mache mih gesunt,
süezer rôsenvarwer munt.

Elisabeth

Hermann   Wie eine weiße Wolke
Hesse   am hohen Himmel steht,
so weiß und schön und ferne
bist du, Elisabeth.

Die Wolke geht und wandert,
kaum hast du ihrer acht,
und doch durch deine Träume
geht sie in dunkler Nacht.

Geht und erglänzt so silbern,
daß fortan ohne Rast
du nach der weißen Wolke
ein süßes Heimweh hast.

Ode

Martin Ach Liebste, laß uns eilen,
Opitz Wir haben Zeit:
       Es schadet das Verweilen
       Uns beiderseit.

       Der edlen Schönheit Gaben
       Fliehn Fuß für Fuß,
       Daß alles, was wir haben,
       Verschwinden muß.

       Der Wangen Zier verbleichet,
       Das Haar wird greis,
       Der Augen Feuer weichet,
       Die Brunst wird Eis.

       Das Mündlein von Korallen
       Wird ungestalt,
       Die Händ als Schnee verfallen,
       Und du wirst alt.

       Drum laß uns jetzt genießen
       Der Jugend Frucht,
       Eh als wir folgen müssen
       Der Jahre Flucht.

       Wo du dich selber liebest,
       So liebe mich!
       Gib mir das, wann du gibest,
       Verlier auch ich.

Die Liebe

Gotthold Ohne Liebe
Ephraim Lebe, wer da kann.
Lessing Wenn er auch ein Mensch schon bliebe,
Bleibt er doch kein Mann.

Süße Liebe,
Mach mein Leben süß!
Stille nie die regen Triebe
Sonder Hindernis.

Schmachten lassen
Sei der Schönen Pflicht!
Nur uns ewig schmachten lassen,
Dieses sei sie nicht.

Warten auf den Sonntag

Ulrich Ich warte auf den Sonntag,
Grasnick auf die Freiheit
in den Fesseln
deiner Umarmung.

Der Wunsch

Friedrich Du holder Gott der süßten Lust auf Erden,
von Der schönsten Göttin schöner Sohn,
Hagedorn Komm, lehre mich die Kunst, geliebt zu werden,
Die leichte Kunst zu lieben weiß ich schon.

Komm ebenfalls und bilde Phyllis' Lachen,
Zythere, gib ihr Unterricht!
Denn Phyllis weiß die Kunst, verliebt zu machen,
Die leichte Kunst zu lieben weiß sie nicht.

Über die großen Worte

Jo Ich wollte, ich wüßte
Schulz ein Wort für die Brüste
meiner Geliebten.
  Sind sie aus Marmor?
  Klippen, die sich
  stolz aus dem Meer ihres Leibes
  erheben,
  Felskuppen der Sehnsucht?
Mumpitz, sie leben.
  Wellen, aufsteilend
  und zärtlich sich senkend ...
Ich finde, solche Vergleiche sind kränkend.
Puddingworte für Spießer
sollen nicht gelten.
  Ihr Mundverschließer!
  Ich küss deine Brüste zu selten.

Lied

Gottfried
August
Bürger Du mit dem Frühlingsangesichte,
Du schönes, blondes Himmelskind,
An deiner Anmut Rosenlichte
Sieht sich mein Auge noch halb blind!

Nach etwas durst ich lang im stillen,
Nach einem Labekuß von dir,
Den gib mir nur mit gutem Willen,
Sonst nehm ich rasch ihn selber mir!

Und sollte dich der Raub verdrießen,
So geb ich gern den Augenblick,
Die Schuld des Frevels abzubüßen,
Ihn hundertfältig dir zurück.

Nur ein kleines Frühlingslied

Hans
Lorbeer

Nur ein kleines Frühlingslied
will ich dir, du Schöne, singen,
denn das große – wenn es blüht –
wird der Lenz dir selber bringen.

Horch, es klingt dir durch die Brust
und dein Herz beginnt zu läuten.
Lausche! Ach, schon im August
welken alle grünen Freuden!

Nur ein kleines Frühlingslied . . .
Wie der Reiher seine Kreise
hoch im blauen Äther zieht,
schwebe meine Frühlingsweise,

schwebe auf zu jenem Stern,
den ich dir, mein Kind, schon immer
schenken wollte. Welchen –? Gern
sag ich's dir in deinem Zimmer . . .

An seine Schöne

Johann
Christian
Günther
Was vor Rosen, schöner Engel,
Laufen durch dein Angesicht,
Da mein Vorwitz einen Stengel
Von den reinen Lilien bricht,
Die in deinem Wollustgarten
Auf die Hand des Bräutgams warten?

Doch warum würkt mein Erkühnen
Einen solchen Streit in dir?
Scham und Zorn verwirrt die Mienen
Deiner angebornen Zier,
Und ich kann aus deinen Sternen
Meines Unglücks Zukunft lernen.

Aber, ach, verdient mein Scherzen
Wohl dergleichen Tyrannei,
Daß mein Bildnüs deinem Herzen
Ewiglich ein Greuel sei?
Nein, ich will es noch nicht hoffen,
Daß mein Argwohn eingetroffen.

Schau nur selbst, die zarten Brüste
Blicken mich so liebreich an,
Daß ich nach der Milch gelüste
Und mich kaum enthalten kann,
Bei so wohlbestellten Sachen
Dich noch einmal rot zu machen.

Hemme, schönes Kind, dein Schelten
Und vergib die Freveltat;
Laß auch nicht den Mund entgelten,
Was die Hand verbrochen hat!
Ich will, einen Griff zu büßen,
Dich zur Strafe zehnmal küssen.

Sehnsucht nach der Sehnsucht

Kurt Tucholsky Erst wollte ich mich dir in Keuschheit nahn.
Die Kette schmolz.
Ich bin doch schließlich, schließlich auch ein Mann,
und nicht von Holz.

Der Mai ist da. Der Vogel Pirol pfeift.
Es geht was um.
Und wer sich dies und wer sich das verkneift,
der ist schön dumm.

Und mit der Seelenfreundschaft – liebste Frau,
hier dies Gedicht
zeigt mir und Ihnen treffend und genau:
Es geht ja nicht.

Es geht nicht, wenn die linde Luft weht und
die Amsel singt –
wir brauchen alle einen roten Mund,
der uns beschwingt.

Wir brauchen alle etwas, das das Blut
rasch vorwärts treibt –
es dichtet sich doch noch einmal so gut,
wenn man beweibt.

Doch heller noch tönt meiner Leier Klang,
wenn du versagst,
was ich entbehrte öde Jahre lang –
wenn du nicht magst.

So süß ist keine Liebesmelodie,
so frisch kein Bad,
so freundlich keine kleine Brust wie die,
die man nicht hat.

Die Wirklichkeit hat es noch nie gekonnt,
weil sie nichts hält.
Und strahlend überschleiert mir dein Blond
die ganze Welt.

Ich habe dich so lieb

Joachim
Ringelnatz Ich habe dich so lieb!
Ich würde dir ohne Bedenken
Eine Kachel aus meinem Ofen
Schenken.

Ich habe dir nichts getan.
Nun ist mir traurig zumut.
An den Hängen der Eisenbahn
Leuchtet der Ginster so gut.

Vorbei – verjährt –
Doch nimmer vergessen.
Ich reise.
Alles, was lange währt,
Ist leise.

Die Zeit entstellt
Alle Lebewesen.
Ein Hund bellt.
Er kann nicht lesen.
Er kann nicht schreiben.
Wir können nicht bleiben.

Ich lache.
Die Löcher sind die Hauptsache
An einem Sieb.

Ich habe dich so lieb.

Fragen

Bertolt Schreib mir, was du anhast! Ist es warm?
Brecht Schreib mir, wie du liegst! Liegst du auch weich?
Schreib mir, wie du aussiehst! Ist's noch gleich?
Schreib mir, was dir fehlt! Ist es mein Arm?

Schreib mir, wie's dir geht! Verschont man dich?
Schreib mir, was sie treiben! Reicht dein Mut?
Schreib mir, was du tust! Ist es auch gut?
Schreib mir, woran denkst du? Bin es ich?

Freilich hab ich dir nur meine Fragen!
Und die Antwort hör ich, wie sie fällt!
Wenn du müd bist, kann ich dir nichts tragen.

Hungerst du, hab ich dir nichts zum Essen.
Und so bin ich grad wie aus der Welt
Nicht mehr da, als hätt ich dich vergessen.

Sie, zu ihm

Kurt
Tucholsky Ich hab dir alles hingegeben:
mich, meine Seele, Zeit und Geld.
Du bist ein Mann – du bist mein Leben,
du meine kleine Unterwelt.
Doch habe ich mein Glück gefunden,
seh ich dir manchmal ins Gesicht:
Ich kenn dich in so vielen Stunden –
nein, zärtlich bist du nicht.

Du küßt recht gut. Auf manche Weise
zeigst du mir, was das ist: Genuß.
Du hörst gern Klatsch. Du sagst mir leise,
wann ich die Lippen nachziehn muß.
Du bleibst sogar vor andern Frauen
in gut gespieltem Gleichgewicht;
man kann dir manchmal sogar trauen . . .
aber zärtlich bist du nicht.

O wärst du zärtlich!

        Meinetwegen
kannst du sogar gefühlvoll sein.
Mensch, wie ein warmer Frühlingsregen
so hüllte Zärtlichkeit mich ein!
Wärst du der Weiche von uns beiden,
wärst du der Dumme. Bube sticht.
Denn wer mehr liebt, der muß mehr leiden.
Nein, zärtlich bist du nicht.

Das Elfte Sonett

Bertolt   Als ich dich in dies fremde Land verschickte
Brecht   Sucht ich dir, rechnend mit sehr kalten Wintern
          Die dicksten Hosen aus für den (geliebten) Hintern
          Und für die Beine Strümpfe, gut gestrickte!

          Und für die Brust und für unten am Leibe
          Und für den Rücken sucht ich reine Wolle
          Damit sie, was ich liebe, wärmen solle
          Und etwas Wärme von mir bei dir bleibe.

          So zog ich diesmal dich mit Sorgfalt an
          Wie ich dich manchmal auszog (viel zu selten!
          Ich wünscht, ich hätt das öfter noch getan!)

          Mein Anziehn sollt dir wie mein Ausziehn gelten!
          Nunmehr ist, dacht ich, alles gut verwahrt
          Daß es auch nicht erkalt, so aufgespart!

Einmal wieder

Johannes
R. Becher

Einmal wieder horchen, wie der Wind
Klänge herweht aus dem Wirtshausgarten,
Einmal wieder wissen, daß wir sind,
Einmal wieder abends auf dich warten,

Einmal wieder spüren: ich bin dein,
Und wir brauchen uns nicht mehr zu bangen.
Alle haben wir nur ein Verlangen,
Einmal frei und einmal glücklich sein!

Einmal wieder durch die Straßen gehn,
Einmal wieder vor den hellen Scheiben
All der vielen Läden stehenbleiben,

Und wo sich die Karusselle drehn,
Mitten in dem bunten Jahrmarktstreiben:
O noch einmal dort sich wiedersehn!

Stadtfrühling

Paul Und aufs neue gehen sie sonntags zu zweit
Wiens die steinernen Wege – fort aus den Häuserklüften,
schaukeln umschlungen in duftende Dunkelheit:
die Waage der Schultern, die sanfte Wiege der
        Hüften.

Aus Fenstern der Vorstadt blickt ihnen
        der Morgen nach,
wenn sie versinken im Frieden der Kiefernkühle.
Rote Beete und weiße – von Liebe brach –
schwellen im Widerklang ihrer jungen Gefühle.

Bebende Goldluft, an Mauern und Hecken
        geschmiegt,
das zögernde Echo der Schritte ist reich an
        Versprechen.
Wie sehnen die Straßen sich, die der Maiwind wiegt,
in die grüne Freiheit des Frühlings auszubrechen!

Fern im Waldschatten wähnen sich zwei allein.
Doch das Gebirge der Häuser ist mitgegangen.
Ins heimliche Tal der Küsse zieht Gipfelglühn ein,
und kühneres Blut brennt pulsend sein Rot in die
        Wangen.

Der Tag rauscht vorüber, welthungrig,
        blütensatt . . .
Der Abend entzündet seine Laternenschlangen.
Mütterlich öffnet starke Arme die Stadt,
ihre Träume heim zu empfangen . . .

O Lieb, o Liebe!
So golden schön
Wie Morgenwolken
Auf jenen Höhn!

Mailied

Johann Wie herrlich leuchtet
Wolfgang Mir die Natur!
Goethe Wie glänzt die Sonne!
Wie lacht die Flur!

Es dringen Blüten
Aus jedem Zweig
Und tausend Stimmen
Aus dem Gesträuch.

Und Freud und Wonne
Aus jeder Brust.
O Erd, o Sonne!
O Glück, o Lust!

O Lieb, o Liebe!
So golden schön
Wie Morgenwolken
Auf jenen Höhn!

Du segnest herrlich
Das frische Feld,
Im Blütendampfe
Die volle Welt.

O Mädchen, Mädchen,
Wie lieb ich dich!
Wie blickt dein Auge!
Wie liebst du mich!

So liebt die Lerche
Gesang und Luft,
Und Morgenblumen
Den Himmelsduft,

Wie ich dich liebe
Mit warmem Blut,
Die du mir Jugend
Und Freud und Mut

Zu neuen Liedern
Und Tänzen gibst.
Sei ewig glücklich,
Wie du mich liebst!

Die Liebe

Matthias
Claudius

Die Liebe hemmet nichts;
Sie kennt nicht Tür noch Riegel,
Und dringt durch alles sich;

Sie ist ohn Anbeginn,
Schlug ewig ihre Flügel,
Und schlägt sie ewiglich.

Mainacht

Christine
Wolter

Da kam der blaue Mond herab
wie waren seine Hände kühl
sanft neigte er sich über mich
o Stille
Da duftete das junge Gras
aus dem er meine Wurzeln riß
Und ich stand auf
und ging ihm nach
mit nackten Füßen über Schnee
der von den Blütenbäumen fiel.

Mit einem gemalten Band

Johann Kleine Blumen, kleine Blätter
Wolfgang Streuen mir mit leichter Hand
Goethe Gute junge Frühlingsgötter
Tändelnd auf ein luftig Band.

Zephir, nimm's auf deine Flügel,
Schling's um meiner Liebsten Kleid;
Und so tritt sie vor den Spiegel
All in ihrer Munterkeit.

Sieht mit Rosen sich umgeben,
Selbst wie eine Rose jung.
Einen Blick, geliebtes Leben!
Und ich bin belohnt genung.

Fühle, was dies Herz empfindet,
Reiche frei mir deine Hand,
Und das Band, das uns verbindet,
Sei kein schwaches Rosenband!

Frühlingsnacht

Joseph Übern Garten durch die Lüfte
von Hört ich Wandervögel ziehn,
Eichendorff Das bedeutet Frühlingsdüfte,
Unten fängts schon an zu blühn.

Jauchzen möcht ich, möchte weinen,
Ist mirs doch, als könnts nicht sein!
Alte Wunder wieder scheinen
Mit dem Mondesglanz herein.

Und der Mond, die Sterne sagens,
Und in Träumen rauschts der Hain,
Und die Nachtigallen schlagens:
Sie ist deine, sie ist dein!

Mir ist zu licht zum Schlafen

Achim   Mir ist zu licht zum Schlafen,
von Arnim Der Tag bricht in die Nacht,
        Die Seele ruft im Hafen,
        Ich bin so froh erwacht.

        Ich hauchte meine Seele
        Im ersten Kusse aus,
        Was ists, daß ich mich quäle,
        Ob sie auch fand ein Haus.

        Sie hat es wohl gefunden
        Auf ihren Lippen schön,
        O welche sel'ge Stunden,
        Wie ist mir so geschehn!

        Was soll ich nun noch sehen,
        Ach, alles ist in ihr,
        Was fühlen, was erflehen,
        Es ward ja alles mir.

        Ich habe was zu sinnen,
        Ich hab, was mich beglückt,
        In allen meinen Sinnen
        Bin ich von ihr entzückt.

Neue Liebe

Joseph
von
Eichendorff Herz, mein Herz, warum so fröhlich,
So voll Unruh und zerstreut,
Als käm über Berge selig
Schon die schöne Frühlingszeit?

Weil ein liebes Mädchen wieder
Herzlich an dein Herz sich drückt,
Schaust du fröhlich auf und nieder,
Erd und Himmel dich erquickt.

Und ich hab die Fenster offen,
Neu zieh in die Welt hinein
Altes Bangen, altes Hoffen!
Frühling, Frühling soll es sein!

Still kann ich hier nicht mehr bleiben,
Durch die Brust ein Singen irrt,
Doch zu licht ists mir zum Schreiben,
Und ich bin so froh verwirrt.

Also schlendr' ich durch die Gassen,
Menschen gehen her und hin,
Weiß nicht, was ich tu und lasse,
Nur, daß ich so glücklich bin.

Dû bist mîn, ich bin dîn

Unbekannter   Dû bist mîn, ich bin dîn:
Dichter   des solt dû gewis sîn.
dû bist beslozzen
in mînem herzen:
verlorn ist das sluzzelîn:
dû muost och immer darinne sîn.

Wol mich der stunde

Walther   Wol mich der stunde, daz ich sie erkande,
von der   diu mir den lîp und den muot hât betwungen,
Vogelweide   sît deich die sinne sô gar an sie wande,
der sie mich hât mit ir güete verdrungen.
daz ich gescheiden von ir niht enkan,
daz hât ir schoene und ir güete gemachet,
und ir rôter munt, der sô lieplîchen lachet.

Ich hân den muot und die sinne gewendet
an die reinen, die lieben, die guoten.
daz müez uns beiden wol werden volendet,
swes ich getar an ir hulde gemuoten.
swaz ich ie fröiden zer werlde gewan,
daz hât ir schoene und ir güete gemachet,
und ir rôter munt, der sô lieplîchen lachet.

Ich bin mir meiner Seele

Theodor Ich bin mir meiner Seele
Storm In deiner nur bewußt,
Mein Herz kann nimmer ruhen
Als nur an deiner Brust!
Mein Herz kann nimmer schlagen,
Als nur für dich allein.
Ich bin so ganz dein eigen,
So ganz auf immer dein.

An Jeannette

Novalis Nimm meine Bücher, meine kleinen Reime,
Mein Häuschen hin, und sei zufrieden wie ich bin,
Nimm meinen sanften Schlummer, meine Träume,
So hold sie sind, auch hin.

Und wenn mir ja noch etwas übrigbliebe,
Mein Becher, Kranz und Stab, so mag es deine sein;
Doch willst du mehr, mein Herz und meine Liebe?
Die sind schon lange dein.

Du meine Seele, du mein Herz

Friedrich
Rückert Du meine Seele, du mein Herz,
Du meine Wonn, o du mein Schmerz,
Du meine Welt, in der ich lebe,
Mein Himmel du, darein ich schwebe,
O du mein Grab, in das hinab
Ich ewig meinen Kummer gab!
Du bist die Ruh, du bist der Frieden,
Du bist der Himmel mir beschieden.
Daß du mich liebst, macht mich mir wert,
Dein Blick hat mich vor mir verklärt,
Du hebst mich liebend über mich,
Mein guter Geist, mein bessres Ich!

Ich und du

Friedrich
Hebbel Wir träumten voneinander
Und sind davon erwacht,
Wir leben, um uns zu lieben,
Und sinken zurück in die Nacht.

Du tratst aus meinem Traume,
Aus deinem trat ich hervor,
Wir sterben, wenn sich eines
Im andern ganz verlor.

Auf einer Lilie zittern
Zwei Tropfen, rein und rund,
Zerfließen in eins und rollen
Hinab in des Kelches Grund.

Zwei Segel

Conrad Zwei Segel erhellend
Ferdinand Die tiefblaue Bucht!
Meyer Zwei Segel sich schwellend
Zu ruhiger Flucht!

Wie eins in den Winden
Sich wölbt und bewegt,
Wird auch das Empfinden
Des andern erregt.

Begehrt eins zu hasten,
Das andre geht schnell,
Verlangt eins zu rasten,
Ruht auch sein Gesell.

Stummsein der Liebe

Justinus
Kerner Wohl neigt nach goldner Sonne
Sich stumm die Blume der Au,
Doch spricht von ihrer Wonne
Im Kelch der helle Tau.

Halt' ich dich, Lieb', umwunden,
Gedrückt ans Herze ganz,
Schweigt Lippe fest gebunden,
Spricht nur des Auges Glanz.

Ein armes Herz entschlagen
So plötzlich aller Pein,
O Liebe! kann nichts sagen,
Das kann nur stille sein

Glück

Ernst
Stadler
Nun sind vor meines Glückes Stimme
    alle Sehnsuchtsvögel weggeflogen.
Ich schaue still den Wolken zu,
    die über meinem Fenster in die Bläue jagen –
Sie locken nicht mehr,
    mich zu fernen Küsten fortzutragen,
Wie einst, da Sterne, Wind und Sonne
    wehrlos mich ins Weite zogen.
In deine Liebe bin ich
    wie in einen Mantel eingeschlagen.
Ich fühle deines Herzens Schlag,
    der über meinem Herzen zuckt.
Ich steige selig
    in die Kammer meines Glückes nieder,
Ganz tief in mir, so wie ein Vogel
    der ins flaumige Gefieder
Zu sommerdunklem Traum
    das Köpfchen niederduckt.

Einst hört ich Lieder

Ricarda Einst hört ich Lieder, Chöre, Nachtigallen,
  Huch Nun nichts als deiner Stimme Saitenspiel.
        Einst träumt ich in des Meeres Flut und Fallen,
        Nun pfeift der Wind um den gehetzten Kiel.

        Einst flogen Himmel über mir und Sterne
        Mit meinen Wegen meinen Zielen zu –
        Nun bist du Höh und Tiefe, Nah und Ferne,
        Und nichts umwölbt und faßt mich mehr als du.

        Mit keinem Nachbarort bin ich verkettet,
        Mit keiner Welle, keinem Strahl des Lichts,
        Ins Weltall deiner Hand bin ich gebettet –
        Läßt sie mich los, stürz ich ein Nichts ins Nichts.

Uralter Worte kundig

Ricarda Uralter Worte kundig kommt die Nacht;
Huch Sie löst den Dingen Rüstung ab und Bande,
Sie wechselt die Gestalten und Gewande
Und hüllt den Streit in gleiche braune Tracht.

Da rührt das steinerne Gebirg sich sacht
Und schwillt wie Meer hinüber in die Lande.
Der Abgrund kriecht verlangend bis zum Rande
Und trinkt der Sterne hingebeugte Pracht.

Ich halte dich und bin von dir umschlossen,
Erschöpfte Wandrer wiederum zu Haus;
So fühl ich dich in Fleisch und Blut gegossen,

Von deinem Leib und Leben meins umkleidet.
Die Seele ruht von langer Sehnsucht aus,
Die eins vom andern nicht mehr unterscheidet.

Mein Liebeslied

Else Lasker-Schüler Wie ein heimlicher Brunnen
Murmelt mein Blut,
Immer von dir, immer von mir.

Unter dem taumelnden Mond
Tanzen meine nackten, suchenden Träume,
Nachtwandelnde Kinder,
Leise über düstere Hecken.

O, deine Lippen sind sonnig . . .
Diese Rauschedüfte deiner Lippen . . .
Und aus blauen Dolden silberumringt
Lächelst du . . . du, du.

Immer das schlängelnde Geriesel
Auf meiner Haut
Über die Schulter hinweg –
Ich lausche . . .

Wie ein heimlicher Brunnen
Murmelt mein Blut.

Liebeslied

Rainer Wie soll ich meine Seele halten, daß
Maria sie nicht an deine rührt? Wie soll ich sie
Rilke hinheben über dich zu andern Dingen?
Ach gerne möcht ich sie bei irgendwas
Verlorenem im Dunkel unterbringen
an einer fremden stillen Stelle, die
nicht weiterschwingt, wenn deine Tiefen schwingen.
Doch alles, was uns anrührt, dich und·mich,
nimmt uns zusammen wie ein Bogenstrich,
der aus zwei Saiten eine Stimme zieht.
Auf welches Instrument sind wir gespannt?
Und welcher Geiger hat uns in der Hand?
O süßes Lied.

Wie die Nelken duftig atmen

Heinrich Wie die Nelken duftig atmen!
Heine Wie die Sterne, ein Gewimmel,
Goldner Bienen, ängstlich schimmern
An dem veilchenblauen Himmel!

Aus dem Dunkel der Kastanien
Glänzt das Landhaus, weiß und lüstern,
Und ich hör die Glastür klirren
Und die liebe Stimme flüstern.

Holdes Zittern, süßes Beben,
Furchtsam zärtliches Umschlingen –
Und die jungen Rosen lauschen,
Und die Nachtigallen singen.

Demut der Liebe

Peter
Hacks Du fragst dich, du, die Liebe, Süße, Heile,
So sanft an Seele du wie reich an Geist,
Ob du verdientest, daß ich bei dir weile,
Und ob du meiner Achtung würdig seist.

Du putzt dein Zimmer, bis es mir genüge.
Du blickst mit Sorge, ob du deine Brust
Trägst, wie sie eine, die ich schönfänd, trüge.
Du liest, wovon mich, meinst du, dünkt, du mußt.

Vernimm denn: alles, was mit Spott die seicht
Und dumme Welt ein Recht mir gab zu kränken,
Seit ich dich liebe, frag ich, ob es reicht.
Und dies ist das unschätzbarste vielleicht
Von deiner Neigung Zeichen und Geschenken:
Daß du mich lehrst, mich minder hoch zu denken.

Einmal unterm hohen Sommer

Rose Einmal unterm hohen Sommer
Nyland in dem Schatten deines Zimmers,
wo wir ohne Lüge waren,
wurde unsre Liebe still.

Daß ich, wenn ich wiederkäme,
nichts als Ruhe finden würde,
und auch einen Schluck zu trinken,
wie ein gern gesehner Gast.

Gern gesehne Gäste aber,
gehen, eh' sie wiederkommen.
Einmal unterm hohen Sommer
in dem Schatten deines Zimmers

bin ich nicht mehr fortgegangen,
als ich ging.

Dämmerstunde

Theodor Im Nebenzimmer saßen ich und du;
Storm Die Abendsonne fiel durch die Gardinen;
Die fleißigen Hände fügten sich der Ruh,
Von rotem Licht war deine Stirn beschienen.

Wir schwiegen beid'; ich wußte mir kein Wort,
Das in der Stunde Zauber mochte taugen;
Nur nebenan die Alten schwatzten fort –
Du sahst mich an mit deinen Märchenaugen.

Küsse

Georg Süße Küsse wollen nicht gern enden,
Maurer flehen die Sekunden, die sich wenden,
eifrig an, zu bleiben, bleiben –
wollen auf die Lippen schreiben:

Ewig! Dieses Wort vom Frieden!
Sich nicht trennen, sich nicht scheiden,
sich nur freuen und nicht leiden,
und zusammensein hinieden,

ganz zusammen ohne Reue,
in der heitern Menschentreue,
sich in schwebenden Gedanken
ewig gut sein, niemals zanken!

Der erste Kuß

Johann Leiser nannt ich deinen Namen,
Georg Und mein Auge warb um dich:
Jacobi Liebe Chloe, näher kamen
Unsrer beider Herzen sich.

Und du nanntest meinen Namen,
Hoffen ließ dein Auge mich:
Liebe Chloe, näher kamen
Unsrer beider Lippen sich.

O es war ein süßes Neigen,
Bis wir endlich, Mund an Mund,
Fest uns hielten, ohne Zeugen:
Und geschlossen war der Bund.

Unter jungen Birken

Rudolf   Als wir im Grase lagen,
Leonhard Dicht Leib an Leib gerückt,
          Von diesen Frühlingstagen
          Tief ins verwirrte Herz beglückt –

          Da kam es, daß der grauen Wochen Spur
          Wir uns vom Auge scheuchten;
          Wir sahn die kinderhellen Birken nur
          Im Lichte stehn und leuchten.

          Sie faßten mit vielen hundert
          Verhüllten Zweigen tief ins Licht,
          Und standen sehr verwundert,
          Und regten sich nicht.

Mit dem Duft des Jasmin

Friedrich Mit dem Duft des Jasmin,
Bischoff Dieser Welt nur geliehn,
Süßer Hauch, schon verglüht,
Eh er atmend erblüht:
So wie du, kam die Nacht,
Weich und kühl,
Tat sich zu, so wie du,
Bleich und schwül.
Klang ein Fenster noch hin
Ohne Schlaf,
Hing dein Duft schon darin,
Der mich traf,
Wie ein Schmerz, wie ein Glück,
Wie ein Lied,
Das die Erde umarmt
Und sie flieht . . .

Es ist Nacht

Christian
Morgenstern

Es ist Nacht,
und mein Herz kommt zu dir,
hält's nicht aus,
hält's nicht aus mehr bei mir.

Legt sich dir auf die Brust,
wie ein Stein,
sinkt hinein,
zu dem deinen hinein.

Dort erst,
dort erst kommt es zur Ruh,
liegt am Grund
seines ewigen Du.

Deine Wimpern, die langen

Georg Deine Wimpern, die langen,
Heym Deiner Augen dunkele Wasser,
Laß mich tauchen darein,
Laß mich zur Tiefe gehn.

Steigt der Bergmann zum Schacht
Und schwankt seine trübe Lampe
Über der Erze Tor,
Hoch an der Schattenwand,

Sieh, ich steige hinab,
In deinem Schoß zu vergessen,
Fern was von oben dröhnt,
Helle und Qual und Tag.

An den Feldern verwächst,
Wo der Wind steht, trunken vom Korn,
Hoher Dorn, hoch und krank
Gegen das Himmelsblau.

Gib mir die Hand,
Wir wollen einander verwachsen,
Einem Wind Beute,
Einsamer Vögel Flug,

Hören im Sommer
Die Orgel der matten Gewitter,
Baden in Herbsteslicht
Am Ufer des blauen Tags.

Manchmal wollen wir stehn
Am Rand des dunkelen Brunnens,
Tief in die Stille zu sehn,
Unsere Liebe zu suchen.

Oder wir treten hinaus
Vom Schatten der goldenen Wälder,
Groß in ein Abendrot,
Das dir berührt sanft die Stirn.

Göttliche Trauer,
Schweige der ewigen Liebe,
Hebe den Krug herauf,
Trinke den Schlaf.

Einmal am Ende zu stehen,
Wo Meer in gelblichen Flecken
Leise schwimmt schon herein
Zu der September Bucht.

Oben zu ruhn
Im Hause der durstigen Blumen,
Über die Felsen hinab
Singt und zittert der Wind.

Doch von der Pappel,
Die ragt im Ewigen Blauen,
Fällt schon ein braunes Blatt,
Ruht auf dem Nacken dir aus.

Under der linden

Walther
von der
Vogelweide

Under der linden
an der heide,
dâ unser zweier bette was,
dâ mugt ir vinden
schône beide
gebrochen bluomen unde gras.
vor dem walde in einem tal,
tandaradei!
schône sanc diu nahtegal.

Ich kam gegangen
zuo der ouwe:
dô was mîn friedel komen ê.
dâ wart ich enpfangen,
hêre frouwe!
daz ich bin saelic iemer mê.
kuster mich? wol tûsentstunt:
tandaradei!
seht wie rôt mir ist der munt.

Dô het er gemachet
alsô rîche
von bluomen eine bettestat.
des wirt noch gelachet
innneclîche,
kumt iemen an daz selbe pfat.
bî den rôsen er wol mac,
tandaradei!
merken wâ mirz houbet lac.

Daz er bî mir laege,
wessez iemen
(nu enwelle got!), sô schamt ich mich.
wes er mit mir pflaege,
niemer niemen
bevinde daz, wan er unt ich
und ein kleinez vogellîn:
tandaradei!
daz mac wol getriuwe sîn.

Das Rosenband

Friedrich Im Frühlingsschatten fand ich sie.
Gottlieb Da band ich sie mit Rosenbändern:
Klopstock Sie fühlt' es nicht und schlummerte.

Ich sah sie an; mein Leben hing
Mit diesem Blick an ihrem Leben:
Ich fühlt' es wohl und wußt' es nicht.

Doch lispelt' ich ihr sprachlos zu
Und rauschte mit den Rosenbändern:
Da wachte sie vom Schlummer auf.

Sie sah mich an; ihr Leben hing
Mit diesem Blick an meinem Leben:
Und um uns ward's Elysium.

Aennchen von Tharau

Unbekannter
Dichter Aennchen von Tharau ist die mir gefällt,
sie ist mein Leben, mein Gut und mein Geld.
Aennchen von Tharau hat wieder ihr Herz
auf mich gerichtet in Freud und in Schmerz.
Aennchen von Tharau, mein Reichtum, mein Gut,
du meine Seele, mein Fleisch und mein Blut.

Käm alles Wetter gleich auf uns zu schlahn,
wir sind gesinnt beieinander zu stahn.
Krankheit, Verfolgung, Betrübnis und Pein
soll unsrer Liebe Verknotigung sein.
Aennchen von Tharau, mein Licht und mein Sonn
mein Leben schließ ich um deines herum.

Recht als ein Palmbaum hoch über sich steigt,
hat ihn erst Regen und Sturmwind gebeugt,
so wird die Lieb in uns mächtig und groß
nach manchem Leiden und traurigem Los.
Aennchen von Tharau, mein Reichtum, mein Gut,
du meine Seele, mein Fleisch und mein Blut.

Würdest du gleich einmal von mir getrennt,
lebtest da, wo man die Sonne kaum kennt;
ich will dir folgen durch Wälder und Meer,
Eisen und Kerker und feindliches Heer!
Aennchen von Tharau, mein Licht und mein Sonn,
mein Leben schließ ich um deines herum.

Wie er wolle geküsset sein

Paul Nirgends hin, als auf den Mund,
Fleming Da sinkts in des Herzens Grund;
Nicht zu frei, nicht zu gezwungen,
Nicht mit gar zu fauler Zungen.

Nicht zu wenig, nicht zu viel,
Beides wird sonst Kinderspiel.
Nicht zu laut und nicht zu leise
Bei der Maß ist rechte Weise.

Nicht zu nahe, nicht zu weit,
Dies macht Kummer, jenes Leid.
Nicht zu trocken, nicht zu feuchte,
Wie Adonis Venus reichte.

Nicht zu harte, nicht zu weich,
Bald zugleich, bald nicht zugleich.
Nicht zu langsam, nicht zu schnelle,
Nicht ohn' Unterschied der Stelle.

Halb gebissen, halb gehaucht,
Halb die Lippen eingetaucht,
Nicht ohn' Unterschied der Zeiten,
Mehr alleine, denn bei Leuten.

Küsse nun ein jedermann,
Wie er weiß, will, soll und kann!
Ich nur und die Liebste wissen,
Wie wir uns recht sollen küssen.

Brautnacht

Johann   Im Schlafgemach, entfernt vom Feste,
Wolfgang Sitzt Amor, dir getreu, und bebt,
Goethe   Daß nicht die List mutwill'ger Gäste
          Des Brautbetts Frieden untergräbt.
          Es blinkt mit mystisch heil'gem Schimmer
          Vor ihm der Flammen blasses Gold;
          Ein Weihrauchswirbel füllt das Zimmer,
          Damit ihr recht genießen sollt.

          Wie schlägt dein Herz beim Schlag der Stunde,
          Der deiner Gäste Lärm verjagt;
          Wie glühst du nach dem schönen Munde,
          Der bald verstummt und nichts versagt.
          Du eilst, um alles zu vollenden,
          Mit ihr ins Heiligtum hinein;
          Das Feuer in des Wächters Händen
          Wird wie ein Nachtlicht still und klein.

          Wie bebt vor deiner Küsse Menge
          Ihr Busen und ihr voll Gesicht;
          Zum Zittern wird nun ihre Strenge,
          Denn deine Kühnheit wird zur Pflicht.
          Schnell hilft dir Amor sie entkleiden
          Und ist nicht halb so schnell als du;
          Dann hält er schalkhaft und bescheiden
          Sich fest die beiden Augen zu.

Empfang

Richard   Aber komm mir nicht im langen Kleid!
Dehmel   komm gelaufen, daß die Funken stieben,
beide Arme offen und bereit!
Auf mein Schloß führt keine Galatreppe;
über Berge geht's, reiß ab die Schleppe,
nur mit kurzen Röcken kann man lieben!

Stell dich nicht erst vor den Spiegel groß!
Einsam ist die Nacht in meinem Walde,
und am schönsten bist du blaß und bloß,
nur beglänzt vom schwachen Licht der Sterne;
trotzig bellt ein Rehbock in der Ferne,
und ein Kuckuck lacht in meinem Walde.

Wie dein Ohr brennt! wie dein Mieder drückt!
rasch, reiß auf, du atmest mit Beschwerde;
o wie hüpft dein Herzchen nun beglückt!
Komm, ich trage dich, du wildes Wunder:
wie dich Gott gemacht hat! weg den Plunder!
und dein Brautbett ist die ganze Erde.

O daß es Augen wie die Deinen gibt

Annemarie O daß es Augen wie die Deinen gibt
Bostroem   und Hände, die so viel zu schenken wissen!
             Mir ist, als hätte ich noch nie geliebt,

als öffnete sich unter Deinen Küssen
die Aussicht in ein niegeschautes Land.
Ich mußte Dich ein Leben lang vermissen

und weiß es nicht mehr, was ich je empfand
für andere, und wie ich lachen konnte
und weinen, Liebster, eh ich Dich gekannt,

bevor ich mich in Deinem Feuer sonnte
und sich der Strahl in meine Seele stahl,
der ihren Grund bis heute noch verschonte . . .

Mir ist, als liebte ich zum ersten Mal.

Nun ist es Nacht geworden

Annemarie
Bostroem Nun ist es Nacht geworden, und Dein Bild
erhebt sich groß und klar aus meinem Blut.
Der volle Mond hat seinen Leib enthüllt

und badet in der unbewegten Flut
ewiger Meere, deren tiefes Blau
im dunklen Schoße ferner Welten ruht.

In meinen Haaren sammelt sich der Tau
erlöster Abendnebel – und der Tanz
der Sterne spiegelt sich, Geliebter, schau,

in meinen Augen, und ich stehe ganz
von Dir durchatmet und für Dich erdacht
in Flammen – ohne Schleier, ohne Kranz –

und Nacht ist es geworden, süße Nacht.

Die Umarmten

Berthold   In die Halbmond-Sichel
Viertel   Deiner Wange
Berg' ich meine Augen
Lange – lange.

Und wir beide liegen,
Ohne uns zu regen,
In des Atemzuges
Doppelt einigem Bewegen.

Ja, geschlossene Lider
Hören stumme Lieder,
Und es tönt im Blute wider,
Immer wieder.

Ohne Wort, kein Jubel,
Seufzer nicht, und keine Klagen –
Nur des Pulses
Pendelschwung und Flügelschlagen.

Es öffnet sich der Kreis

Kurt   Du hebst dein Gesicht
Steiniger Wenn ich dich küsse.

Die Hochhäuser sind hoch, und so sind
Die Sterne abgestiegen im Entgegenkommen.
Nun spiegeln sich in deinen Augen
Die Steine und die Sterne.
Und es ist ein großes Schaun in dir
Von dem, was sein wird
Auf den noch kahlen Stellen:
Gärten von Grün und Ruhe und Springbrunnen,
Gefahrlose Nächte, still,
Wie Fraun, die sich schmiegen . . .
Und in den Städten ist eine Luft
Von Gras und Regen wie nie.
Ich küsse dich immer wieder.
Ich weiß:
Jedesmal, da ich deine Lippen berühre,
Gebe ich ein Versprechen.

Aufhellung

Johannes
R. Becher Es fiel von dir das Strenge,
Und alles Harte fiel,
Und all das Müde, Enge
Löste sich wie im Spiel.

Es hat, wie goldene Fäden,
Ein Lächeln sich gespannt –
Hast mich mit einem jeden
Blick schweigend „Du" genannt.

Fern zieht noch eine Falte,
Verdunkelnd das Gesicht . . .
Es weicht das Leid, das alte,
Und schluchzt dahin im Licht.

Zu Ende muß sich neigen
Die Zeit, die dich bedrängt –
Und wie von Blütenzweigen
Bist schimmernd du umhängt.

Vogelnest

Johannes
Bobrowski Mein Himmel
wechselt mit deinem,
auch meine Taube
jetzt
überfliegt die deine,
ich seh zwei Schatten
fallen
im Haferfeld.

Wir vertauschen
unsere Augen,
wir finden
ein Lager:
Regen,
wir sagen
wie eine Geschichte
die halben Sätze
Grün,
ich hör:

Zu meiner Braue
hinauf
mit Vogelreden,
dein Mund
trägt Federn und Zweige.

Dryade

Johannes   Birke, kühl
Bobrowski von Säften, Baum, der Atem
in meinen Händen, gespannt
Rinde, ein weiches Glas,
aber zu spüren tiefer
Regung, die Dehnung hinauf
im Stamm,
den Verzweigungen zu –

Laß,
in den Nacken hinab,
laß fallen dein Haar, ich hör
in meinen Händen, ich hör
durch die Kühle, ich hör ein Wehen,
hör anheben Strömung,
steigende Flut,
den Taumel
singen im Ohr.

Die Liebe ein Traum

Klabund Ein letzter Kuß streift ihre Wimpern, und
Ermattet von der Lust schließt sie die schönen,
Die müden Augen, atmet tief – und schläft.
Schon hebt sich leicht die Brust,
Senkt leicht sich
Dem Traum entgegen
Wie Mond dem Meer,
Wie Welle sich an Welle schmiegt
Und fällt und steigt.
Ich rühr mich kaum, damit ich sie nicht wecke,
Doch wie ihr leiser Atem mich
Wie Mohnduft trifft,
Bin ich entzündet und vom stummen Glanz
        der Glieder
Entflammt.
Ich neige mich zu ihr und liebe sanft
Die Schlafende, die einmal nur im Traum
Wie eine Taube
Verschlafen gurrt
Und seufzt. –
Sie träumt
Vielleicht,
Daß ich sie liebe . . .

Weiß nicht mehr, wo die Erde liegt

Max
Dauthendey

Die Raben schreien wie verwundet
und prophezeien Nacht und Not;
Der Frost hat jede Tür umstellt
und der Hungerhund bellt.
Wir halten uns immer enger umschlungen,
im Küssen fanden wir noch kein Wort,
die Lerchen haben sich tot gesungen,
und Wolken wälzten den Sommer fort.
Doch Dein Haupt, das in meinem Arm sich wiegt,
weiß nicht mehr, wo die Erde liegt.

War schöner als der schönste Tag

Johann
Wolfgang
Goethe

War schöner als der schönste Tag,
Drum muß man mir verzeihen,
Daß ich sie nicht vergessen mag,.
Am wenigsten im Freien.
Im Garten wars, sie kam heran,
Mir ihre Gunst zu zeigen;
Das fühl ich noch und denke dran
Und bleib ihr ganz zu eigen.

Zehntausend Morgenröten

Ivan Zehntausend Morgenröten, mein Engel,
Goll   zehntausend Morgenröten
      Zehntausend mal hat das Auge der Sonne
      Unsre Lider geöffnet

      Zehntausend Morgenröten
      Für die einzige Nacht unsrer Liebe
      Dein gemeißelter Kopf in meinen Armen
      Der wuchernde Garten deiner Haare
      Leuchtend von zehntausend Rosen

      Oh welch ein Gefunkel!
      Und die zehntausend Stimmen der Wellen!
      Wie viele Monde sind vorbeigezogen
      Zuweilen zerflossen zuweilen traurig
      Um über uns die Ekstase des Schnees zu breiten

      Und Greise liehen uns ihre Augen
      Und Kinder haben unsre Herzen gegessen
      In den zehntausend Träumen der Liebe

      Zehntausend Morgenröten, mein Engel,
            zehntausend Morgenröten
      Zehntausend Eier voller Vögel und Lieder
      Zehntausend Sonnendotter
      Wiegen wohl heute den Tod auf
      Den einzigen mit den hunderttausend Gestirnen

Himbeerranken

Günter Der Wald hinter den Gedanken,
Eich die Regentropfen an ihnen
und der Herbst, der sie vergilben läßt –

ach, Himbeerranken aussprechen,
dir Beeren ins Ohr flüstern,
die roten, die ins Moos fielen.

Dein Ohr versteht sie nicht,
mein Mund spricht sie nicht aus,
Worte halten ihren Verfall nicht auf.

Hand in Hand zwischen undenkbaren Gedanken.
Im Dickicht verliert sich die Spur.
Der Mond schlägt sein Auge auf,
gelb und für immer.

Gewitter

Adolf   Das Wegenetz reißt im plötzlichen Schauer.
Endler   Die Sonne zerschmilzt an der Wange des Steins.
       Wir liegen am Hochwald:
       Wir spüren genauer
       Ebbe und Flut im Blut,
       Signale des Weins.

Schnelles Gewitter zerteilt scharf die Landschaft.
Unmutsgrau hier!
Daneben rasch lachendes Grün!
    Zu zerstrittenen Eltern, nun weiß ichs:
    Du hast zu Gewittern Verwandtschaft . . .
Jetzt Muschel, dann Rotdornblitze!

    Erst kühl, jetzt zu kühn!

Hände

Uwe Hände machen Worte wahr.
Berger Hände strafen Lippen Lügen.
Bebend sprechen deine Hände.

Dringen durch das Dunkel.
Knüpfen Fäden, die zerrissen.
Legen sich um mein Gesicht.

In den Händen bist du neu.

Liebeslied

Wolfgang Ich trinke dich im Erheben, ertrinke im
Tilgner Niedergleiten,
im Schreiten
der Glieder. Ach, ich bin trunken wie Wellen
im Spiel der Gezeiten.

Ich trinke dich in den Tänzen, ertrinke in
Feiertagen,
in Klagen
vom Gehen. Ach, ich bin trunken vom Leben
wie Helden in Sagen.

Ich trinke dich in den Nächten, ertrinke in
Lust und Vertrauen,
im Schauen
der Sonne. Ach, ich bin trunken, als flög ich
im Blauen.

144

Morgen kommt

Günter Leer,
Kunert Ganz leer sind alle Straßen
An dem frühen, klaren Morgen.
Nur der erste Schein
Von unserm Himmel
Färbt die Fensterscheiben rosa
An den langen Häusermauern,
An den grauen Steinfassaden,
Gehe ich
Aus deinen Armen, deinem Zimmer, aus
Der Tür und aus dem Hause.

So einst aus der Welt zu gehen,
Sacht vom warmen Blut durchronnen,
In die Kühle,
Wissend wohl gelebt zu haben.

Liebesgedicht

Heinz Czechowski

1

Nacht, die Schwester, ist gegangen.
Laß uns schlafen, eh es tagt.
Sag noch etwas. Oder schweige:
Vieles ist gesagt.

Sieh den Himmel, Liebste, wie
er nun nüchtern wird und blaß,
wie das Leinen, das uns kühlt,
wie das tauwindfeuchte Gras.

Wenn es Tag ist, wolln wir baden
unser nachtwirres Gesicht
in dem ersten Lied der Vögel
und in kühlem, weißem Licht.

2

Morgenwind und wehende Gardinen.
Und der Spiegel sieht verstreute Sachen.
Sterne haben uns geschienen.
Liebe war ein blauer Nachen.

Und die Helle, die durch unsre Lider schimmert
(oder ist es nur das Grün der Bäume
vor dem Fenster?), ist wie Sonnenlicht, das
      flimmert,
wie das Wort, von dem du sagst: Ich träume.

O wir könnten, aufgehoben, fliegen
mit den Wolken, immer schneller.
Und der Tag wird immer heller:
Kaffeeduft erklimmt die Stiegen.

Weißt du noch . . .

Paul Wiens

I

Weißt du noch, wie wir geruht
an der satten Wiese Rand
und über uns stand
der Mittagssonne Glut?

Still und weiß in heißem Stolz
lag die sonntägliche Flur.
Eine Grille nur
zirpte müde im Holz.

Ohne Wunsch und frei von Schmerz
sah ich auf das goldne Land
und hielt deine Hand
und küßte dich aufs Herz.

II

Zwischen Bäumen und Büschen
eine heimliche Aue
mit duftendem hohem Grase
und tragender Bienen Gesumm.

Es brach das Licht durch die Wolken,
die zogen im Frühlingshauch,
wir lagen tief gebettet
in den Halmen und Blumen.

Du flochtest die Blumen zum Kranz,
wir trugen ihn beide ein wenig
und warfen ihn lachend fort,
und nun liegt er und welkt er dort.

Vier Liebeslieder

Bertolt
Brecht

1

Als ich nachher von dir ging
An dem großen Heute
Sah ich, als ich sehn anfing
Lauter lustige Leute.

Und seit jener Abendstund,
Weißt schon, die ich meine,
Hab ich einen schönern Mund
Und geschicktere Beine.

Grüner ist, seit ich so fühl
Baum und Strauch und Wiese
Und das Wasser schöner kühl,
Wenn ich's auf mich gieße.

2

Wenn du mich lustig machst,
Dann denk ich manchmal:
Jetzt könnt ich sterben.
Dann blieb ich glücklich
Bis an mein End.

Wenn du dann alt bist
Und du an mich denkst,
Seh ich wie heut aus
Und hast ein Liebchen,
Das ist noch jung.

3

Sieben Rosen hat der Strauch,
Sechs gehör'n dem Wind.
Aber eine bleibt, daß auch
Ich noch eine find.

Sieben Male ruf ich dich,
Sechsmal bleibe fort.
Doch beim siebten Mal, versprich,
Komme auf ein Wort.

4

Die Liebste gab mir einen Zweig
Mit gelbem Laub daran.

Das Jahr, es geht zu Ende,
Die Liebe fängt erst an.

Gedanken der Liebe

Georg Welche Wärme plötzlich im Land. Die Kätzchen
Maurer   stäuben
schon im Februar. Berührt sie mein Finger,
fährt die gelbe Wolke der Wonne aus ihrer
         Zartheit.
So berührten wir uns im Feuer der Wendenacht.
Um meinen Ellenbogen spielten deine Finger.
Und wie sich alles am Himmel bewegt
seit der geheimen Eröffnung des Weltalls,
so streiften meine Lippen deine Wange,
bis mein Mund mit deinem sich traf:
die Geburt der Bewegung!
Und ist nicht jedem ein Entgegen
bestimmt, der Sehnsucht die Heilung,
meinem Durst dein Trank, meinem Gang dein
         Warten?
Dieses vertrauliche Wissen der Menschheit von der
         Bewegung,
diese Bewegung um die Vertraulichkeit der Welt,
diese Begegnung unserer innigsten Wünsche!

                    *

Wenn ich in der Stadtbahn neben dir sitze,
wir mit lachenden Knien uns verständigen,
ich den schmutzigen Aschenmast betrachte,
der mir aus der Zigarre wächst, bis er zerstäubt . .

so zeichne ich dich doch immer in die Lüfte,
als flöge Venus in schwarzen Strumpfhosen
über den Kuben der Häuser, die Elfenbeinbrüste
        frei,
blendendes Weiß und blendendes Schwarz –
Hinter den gläsernen Wänden auf
        durchschimmernden Treppen
steigst du, bis der Gruß deiner Schritte
verklingt . . . Und immer zeichne ich dich in die
        Lüfte
noch über dem Stoß meiner ungelesenen Bücher.

            *

Aufgelöst wie Gewürz in einem Getränk
bist du in meinem Wachen, in meinem Schlaf.
Meine Gedanken betäubst du
wie Honig die Zunge des Kindes.
Durch meine Pflichten streifst du
wie ein Sonntag durch Wochentage.
Dein Gefangener bin ich.
Erstickst mein Herz mit Küssen.
Bindest mir die Hände mit deinen Händen.
Und doch bin ich nur frei
in solcher Umstrickung.

An einem Abend

Günther
Deicke

1

Dein Zimmer. Und die Ordnung deiner Hände
mit Bild und Buch. Der Schreibtisch. Und der
      Spiegel,
damit du dich erkennst und fragst:
Wer bin ich hinterm grünen Licht der Augen?

Denn wärst du nur der Glanz von Haar und Haut,
es lohnte nicht das Wort und nicht das Schweigen,
das zwischen dir und mir die Brücke baut.

2

Die Stille öffnen wie einen Vorhang.
Dahinter ist die Welt.
Das Wort ist die Farbe,
der Satz die Kontur,
der Gedanke die Spannung
zwischen Mensch und Mensch
in einer Landschaft, die sehr weit ist.

Laß uns gehn miteinander,
wenn auch zu unsern Füßen raschelt
das welke Laub des Vorjahrs und zischelt
vom Tod und von vergangener Liebe.

Sieh, der Birken grüne, wehende Fahnen
streicheln die frischgewaschenen Dächer
und reden dem Himmel zu,
daß er die hohen weißen Wolken
über die Bläue schickt, herüber zu uns,
glückhafte Segelboote.

3

Gib mir die Hand, steig ein mit mir,
daß wir den Sommer über den Wäldern erfahren,
darin er ruht mit Blume, Blatt und Tier,
und du lockst ihn mit deinen Haaren.

Dein Finger gibt die Biegung den Flüssen,
dein Gedanke den Straßen die Sicherheit.
Der Wind wird uns tragen, wenn wir uns küssen
in unserm Boot in der Sommerzeit.

Und vergiß nicht den See, wenn wir drüberziehn,
und gib ihm das klare, das zärtliche Grün
deiner Augen.

4

Dein Zimmer. Und Dunkelheit draußen.
Wir beide unter dem Licht,
das uns freundlich ist, weil es nichts verschweigt.
Und sehr nah dein Gesicht.

War dein Gedanke mein Wort,
dein Wort mein Gedanke?
Denn aus zweien geboren,
mündet die Liebe in eins.

5

Als ich ging, lag Regen auf den Straßen
unserer Stadt. Im Asphalt spiegeln
die Laternen freundliches Geleit.

Schritte zwischen Häusern, meine eigenen.
Schlaf der vielen hinter dunklen Fenstern.
Allen wünsch ich eine gute Zeit.

Melodie, die ich verloren hatte
und vergeblich suchte: ungerufen
summt sie wieder her im jungen Jahr.

Und wie unsre Kindheit, arglos, künftig,
sitzt das Glück auf allen Treppenstufen.
Und der Regen duftet wie dein Haar.

Früh am Tage

Detlev
von
Liliencron In der Fensterluken schmale Ritzen
klemmt der Morgen seine Fingerspitzen.
Kann von meinem Mädchen mich nicht trennen,
muß mit tausend Schmeichelnamen sie benennen.

Drängt die liebe Kleine nach der Türe,
halt ich sie durch tausend Liebesschwüre.
Muß ich leider endlich selber treiben,
fällt sie wortlos um den Hals mir, möchte bleiben.

Liebster, so, nun laß mich, laß mich gehen.
Doch im Gehen bleibt sie zögernd stehen.
Noch ein letztes Horchen, letzte Winke,
und dann faßt und drückt sie leise, leis die Klinke.

Barfuß schleicht sie, daß sie keiner spüre,
und ich schließe sachte, sacht die Türe,
öffne leise, leise dann die Luken,
in die frische, schöne Morgenwelt zu gucken.

Und so kamst du

Johannes
R. Becher

Es war ein Tag, so wie die Tage alle,
Die herbstlich welkten, Türen gingen zu.
Ich saß am Wald und fragte mich beim Falle
Der Blätter manches: Wo seid ihr, ihr alle –
Und da kamst du.

Die Nebel krochen um mich her und wallten.
Das Wiesengrün, das schon verblichen war,
Ließ ich noch einmal blühend sich entfalten,
Wie um den Lauf der Zeiten aufzuhalten –
O blieb es Sommer, Sommer immerdar!

Der Wind, der kühle, ließ mich sinnen, sinnen –
Wie aufgestört aus meiner Sommerruh,
Zog ich im Flug der Vögel weit von hinnen,
Um ungeahnte Weiten zu gewinnen –
Und da kamst du.

Es war ein Tag, so kamen Tage selten,
Es rieselte der Nebel immerzu.
Ich aber schritt die Pfade, die erhellten,
Als führten sie in ewige Sommerwelten:
Und so kamst du.

Sommerlied

Heinz Durch deine Haare seh ich Himmel scheinen.
Kahlau Auf deiner Haut liegt Sonne, und der See
hat zwischen deinen braunen Armen Wellen,
und rings um deinen nackten Fuß ist Klee.

Dort wo du hinschaust, geht ein Wind vorüber,
die Bäume über dir sind von ihm voll.
In deinen Händen riecht die Luft nach Ernte,
als ob die Zeit der Reife kommen soll.

Ich seh dich an und seh durch dich den Sommer.
Ich bin der Gast in dieser Sommerruh.
Ich möchte so noch gerne etwas bleiben.
Der Sommer meint es gut mit mir. Wie du.

Liebespaar

Johannes
R. Becher Sie saßen, eng umschlungen, auf der Bank,
So grau, wie aus dem Schutt hervorgezogen.
Sie dachte an den alten Kleiderschrank,
Er aber sah den hohen Feuerbogen,

Darunter eine Stadt in Trümmer sank.
Und beide sahen sie: die Wolken flogen
Am Himmel hin, und beide sagten Dank –
So grau, wie aus dem Schutt hervorgezogen.

Und beide sagten sie auch Dank der Bank,
Sie haben zärtlich sich an sie gelehnt.
Es war, als wären sie bei sich zu Haus.

Und sagte nicht die Bank auch ihnen Dank,
Als hätte sie sich lang danach gesehnt,
Daß Liebende sich ruhen auf ihr aus.

Regensiziliane

Günter Wie fällt der Regen dir ins Haar,
Eich benetzt dir Haut und Braue,
wäscht dir das Auge tränenklar,
du Herz, dem ich vertraue!
Der Regen wohl rauscht immerdar
und taucht das Jahr ins Graue.
Mir sagt dein Haar und Auge wahr,
wenn ich die Tropfen schaue.

In meiner Erinnrung erblühen

Heinrich In meiner Erinnrung erblühen
Heine Die Bilder, die längst verwittert
Was ist in deiner Stimme,
Das mich so tief erschüttert?

Sag nicht, daß du mich liebst!
Ich weiß, das Schönste auf Erden,
Der Frühling und die Liebe,
Es muß zuschanden werden.

Sag nicht, daß du mich liebst!
Und küsse nur und schweige,
Und lächle, wenn ich dir morgen
Die welken Rosen zeige.

Schauder

Christian Jetzt bist du da, dann bist du dort.
Morgenstern Jetzt bist du nah, dann bist du fort.
Kannst du's fassen? Und über eine Zeit
gehen wir beide die Ewigkeit
dahin – dorthin. Und was blieb? . . .
Komm, schließ die Augen, und hab mich lieb!

Vermischungen

Heinz Da sind sie aufeinander zugekommen,
Kahlau wie Meer und Himmel, die der Sturmwind jagt.
In ihrer Brandung sind sie hingeschwommen
und haben nicht nach Ort und Zeit gefragt.

Sie waren ganz in ihrem Kuß vergangen,
so, daß der eine auch der andere war.
Sie war in ihm und er in ihr gefangen.
Sie wurden eine Haut, ein Herz, ein Haar.

Dort, wo sich Meer und Himmel immer finden,
ist die Vermischung laut und voll Gewalt.
Doch in den höchsten Höhen, tiefsten Gründen,
sind Meer und Himmel weiter still und kalt.

Casanovas unrühmlicher Lebensabend

Wilhelm   Wann war die Zeit der Rosen?
Tkaczyk   Als ich Clarissa kannte,
als unter meinem Kosen
ihr Herz für mich entbrannte.

Als ich sie fröhlich zwickte
und sie mich lachend küßte,
vor Lachen fast erstickte
und rief: „Wenn *er* das wüßte!"

Er war der Eifersüchtige,
der nach ihr rief und lief.
Ich aber war der tüchtige
Galan, der bei ihr schlief.

Heut zahl ich meinen Preis
bei einem kalten Biest,
das nichts von Liebe weiß
und – wenn ich glühe – liest.

Ich habe dich nie je so geliebt

Bertolt   Ich habe dich nie je so geliebt, ma sœur
Brecht   Als wie ich fortging von dir in jenem Abendrot.
Der Wald schluckte mich, der blaue Wald, ma sœur
Über dem immer schon die bleichen Gestirne im
        Westen standen.

Ich lachte kein klein wenig, gar nicht, ma sœur
Der ich spielend dunklem Schicksal entgegenging –
Während schon die Gesichter hinter mir
Langsam im Abend des blauen Walds verblaßten.

Alles war schön an diesem einzigen Abend, ma sœur
Nachher nie wieder und nie zuvor –
Freilich: mir blieben nur mehr die großen Vögel
Die abends im dunklen Himmel Hunger haben.

Willkommen und Abschied

Johann Es schlug mein Herz, geschwind zu Pferde!
Wolfgang Es war getan fast eh gedacht;
Goethe Der Abend wiegte schon die Erde,
Und an den Bergen hing die Nacht:
Schon stand im Nebelkleid die Eiche,
Ein aufgetürmter Riese, da,
Wo Finsternis aus dem Gesträuche
Mit hundert schwarzen Augen sah.

Der Mond von einem Wolkenhügel
Sah kläglich aus dem Duft hervor,
Die Winde schwangen leise Flügel,
Umsausten schauerlich mein Ohr;
Die Nacht schuf tausend Ungeheuer;
Doch frisch und fröhlich war mein Mut:
In meinen Adern welches Feuer!
In meinem Herzen welche Glut!

Dich sah ich, und die milde Freude
Floß von dem süßen Blick auf mich;
Ganz war mein Herz an deiner Seite
Und jeder Atemzug für dich.
Ein rosafarbnes Frühlingswetter
Umgab das liebliche Gesicht,
Und Zärtlichkeit für mich – ihr Götter!
Ich hofft es, ich verdient es nicht!

Doch ach, schon mit der Morgensonne
Verengt der Abschied mir das Herz:
In deinen Küssen welche Wonne!
In deinem Auge welcher Schmerz!
Ich ging, du standst und sahst zur Erden,
Und sahst mir nach mit nassem Blick:
Und doch, welch Glück, geliebt zu werden!
Und lieben, Götter, welch ein Glück!

Im spielenden Bache, da lieg ich, wie helle!
Verbreite die Arme der kommenden Welle,
Und buhlerisch drückt sie die sehnende Brust;
Dann trägt sie ihr Leichtsinn im Strome
　　　　darnieder;
Schon naht sich die zweite und streichelt
　　　　mich wieder:
Da fühl ich die Freuden der wechselnden Lust.

Unbeständigkeit

Johann Im spielenden Bache, da lieg ich, wie helle!
Wolfgang Verbreite die Arme der kommenden Welle,
Goethe Und buhlerisch drückt sie die sehnende Brust;
Dann trägt sie ihr Leichtsinn im Strome darnieder;
Schon naht sich die zweite und streichelt mich
      wieder:
Da fühl ich die Freuden der wechselnden Lust.

O Jüngling, sei weise, verwein nicht vergebens
Die fröhlichsten Stunden des traurigen Lebens,
Wenn flatterhaft je dich ein Mädchen vergißt!
Geh, ruf sie zurücke, die vorigen Zeiten!
Es küßt sich so süße der Busen der Zweiten,
Als kaum sich der Busen der Ersten geküßt.

Ilse

Frank
Wedekind Ich war ein Kind von fünfzehn Jahren,
Ein reines unschuldsvolles Kind,
Als ich zum erstenmal erfahren,
Wie süß der Liebe Freuden sind.

Er nahm mich um den Leib und lachte
Und flüsterte: O welch ein Glück!
Und dabei bog er sachte, sachte
Den Kopf mir auf das Pfühl zurück.

Seit jenem Tag lieb ich sie alle,
Des Lebens schönster Lenz ist mein;
Und wenn ich keinem mehr gefalle,
Dann will ich gern begraben sein.

Geübtes Herz

Gottfried
Keller Weise nicht von dir mein schlichtes Herz,
Weil es schon so viel geliebet!
Einer Geige gleicht es, die geübet
Lang ein Meister unter Lust und Schmerz.

Und je länger er darauf gespielt,
Stieg ihr Wert zum höchsten Preise;
Denn sie tönt mit sichrer Kraft die Weise,
Die ein Kundiger ihren Saiten stiehlt.

Also spielte manche Meisterin
In mein Herz die rechte Seele,
Nun ist's wert, daß man es dir empfehle,
Lasse nicht den köstlichen Gewinn!

Don Juan rechtfertigt sich

Georg
Maurer Kolumbus durfte landen. Newton mochte schlafen
am Herbstnachmittag auf dem Rasen seines
    Gartens,
während die Früchte klopften; wußte er doch das
    Gesetz,
nach dem sie fallen – alle, jeglicher Apfel.
Ich aber fand unter tausend Mündern nicht den
    Mund.
Jeder wölbte sich anders, jeder gab anders nach.
Wer gab mir die Formel für die Spannung der
    liebenden Brüste?
Jede sank anders in meine Arme, wenn ich sie
    breitete.
Wo war das Gesetz, nach dem sie alle fielen? –
War ich nicht bereit, mit meinem Degen
Leib und Seele zu wagen gegen tausend Männer?
Wollte ich nicht mich jeder verbinden für ewig? –
Aber in die Ewigkeit schlug stärker
der Blitz dieser Augen, der Fall jener Haare,
trat eines Schoßes Wölbung wie ein nie gesehener
    Aufgang.
Aufgeteilt war mir die Liebe, in keiner ganz und
    Gesetz geworden,
in allen Mädchen erst ganz: von Spanien östlich
    und westlich.
Die Arme wollte ich breiten nach dem Schiffskurs
    des Kolumbus,
die Äpfel Newtons mit warmen Händen fassen, das
    Gesetz zu erfühlen.

Tausend Mädchen waren zuwenig. Vor der Zeit
	noch schickten
mich als gesetzlos die Väter, Männer und Brüder
	zur Hölle,
selbst die Frauen, doch die – wie ich hoffe – nicht
	ohne Tränen.

Das Hohelied

Heinrich   Des Weibes Leib ist ein Gedicht,
Heine   Das Gott der Herr geschrieben
          Ins große Stammbuch der Natur,
          Als ihn der Geist getrieben.

Ja, günstig war die Stunde ihm,
Der Gott war hochbegeistert;
Er hat den spröden, rebellischen Stoff
Ganz künstlerisch bemeistert.

Fürwahr, der Leib des Weibes ist
Das Hohelied der Lieder;
Gar wunderbare Strophen sind
Die schlanken, weißen Glieder.

O welche göttliche Idee
Ist dieser Hals, der blanke,
Worauf sich wiegt der kleine Kopf,
Der lockige Hauptgedanke!

Der Brüstchen Rosenknospen sind
Epigrammatisch gefeilet;
Unsäglich entzückend ist die Zäsur,
Die streng den Busen teilet.

Den plastischen Schöpfer offenbart
Der Hüften Parallele;
Der Zwischensatz mit dem Feigenblatt
Ist auch eine schöne Stelle.

Das ist kein abstraktes Begriffspoem!
Das Lied hat Fleisch und Rippen,
Hat Hand und Fuß; es lacht und küßt
Mit schöngereimten Lippen.

Hier atmet wahre Poesie!
Anmut in jeder Wendung!
Und auf der Stirne trägt das Lied
Den Stempel der Vollendung.

Lobsingen will ich dir, o Herr,
Und dich im Staub anbeten!
Wir sind nur Stümper gegen dich,
Den himmlischen Poeten.

Versenken will ich mich, o Herr,
In deines Liedes Prächten;
Ich widme seinem Studium
Den Tag mitsamt den Nächten.

Ja, Tag und Nacht studier ich dran,
Will keine Zeit verlieren;
Die Beine werden mir so dünn –
Das kommt vom vielen Studieren.

Werbung

Franz
Grillparzer
Mädchen, willst du mir gehören,
So sprich ja, und schlag nur ein!
Kann nicht seufzen, kann nicht schwören:
Willst du – gut! Wenn nicht – mag's sein!

Gold hab ich nicht aufzuweisen,
Aber Lieder zahlen auch;
Will dich loben, will dich preisen,
Wie's bei Dichtern heitrer Brauch.

Doch gefällt's dir einst zu brechen,
Tu's mit Maß und hüte dich!
Lied, das schmeichelt, kann auch stechen,
Dich verletzest du, nicht mich.

Dichters Gram ist bald verschlafen,
Seine Kunst ist Trostes-reich;
Und die Lieder, die dich strafen,
Trösten heilend ihn zugleich.

Ein Weib

Heinrich
Heine Sie hatten sich beide so herzlich lieb,
Spitzbübin war sie, er war ein Dieb.
Wenn er Schelmenstreiche machte,
Sie warf sich aufs Bett und lachte.

Der Tag verging in Freud und Lust,
Des Nachts lag sie an seiner Brust.
Als man ins Gefängnis ihn brachte,
Sie stand am Fenster und lachte.

Er ließ ihr sagen: „O komm zu mir,
Ich sehne mich so sehr nach dir,
Ich ruf nach dir, ich schmachte" –
Sie schüttelt' das Haupt und lachte.

Um sechse des Morgens ward er gehenkt,
Um sieben ward er ins Grab gesenkt;
Sie aber schon um achte
Trank roten Wein und lachte.

Du

Uwe
Berger

Der schwarze Wald. Die Nacht, die schrie.
Rot war der Himmel von den Bränden.
Wir hielten uns bei unsern Händen.
So jung warst du, so stumm, Marie.

Im Hörsaal trotzig saßest du.
Wir gingen beide ins Theater.
Orest. Und Hamlet. Und dein Vater.
Du, Lena, lächeltest mir zu.

Der Bahnhof, der dich schwinden sah.
Geburtstag. Dir geh ich entgegen.
In Astern mein Gesicht zu legen.
So kamst du, Inge, kamst mir nah.

Ich traf dich an dem Bücherbord.
Mit Augen groß und festen Händen.
Ein Widerschein blieb in den Wänden.
Du, Namenlose, trägst mein Wort.

Der Herbst kommt grau

Jens Gerlach Der Herbst kommt grau, kommt grau daher.
Wenn nicht das Blau gewesen wär
und tief im Blau dein Lächeln auch,
das Jahr wär nichts denn Schall und Rauch –
so aber war der Sommer weit,
schien unbegrenzt die Ewigkeit . . .

Der Herbst geht grau, geht grau dahin.
Ich weiß nicht, Frau, was ich dir bin.
Im Herbst, der alle Stadt durchweht
Und kühl vorm bangen Fenster steht,
vergeß ich dich nur allzu leicht,
weil mich kein Lächeln mehr erreicht . . .

Märztag

Detlev
von
Liliencron

Wolkenschatten fliehen über Felder,
Blau umdunstet stehen ferne Wälder.

Kraniche, die hoch die Luft durchpflügen,
Kommen schreiend an in Wanderzügen.

Lerchen steigen schon in lauten Schwärmen,
Überall ein erstes Frühlingslärmen.

Lustig flattern, Mädchen, deine Bänder;
Kurzes Glück träumt durch die weiten Länder.

Kurzes Glück schwamm mit den Wolkenmassen;
Wollt' es halten, mußt' es schwimmen lassen.

Von Nacht übergraut

Peter   Von Nacht übergraut
Huchel von Frühe betaut
          so zogest du fort.

Du winkst und es wehn
die dämmernden Seen
im Traum noch dein Wort.

Im Sande verrollt
die Woge aus Gold.

Und winkt es auch her:
Du bist es nicht mehr.

Erinnerung an die Marie A.

Bertolt
Brecht

1

An jenem Tag im blauen Mond September
Still unter einem jungen Pflaumenbaum
Da hielt ich sie, die stille bleiche Liebe
In meinem Arm wie einen holden Traum.
Und über uns im schönen Sommerhimmel
War eine Wolke, die ich lange sah
Sie war sehr weiß und ungeheuer oben
Und als ich aufsah, war sie nimmer da.

2

Seit jenem Tag sind viele, viele Monde
Geschwommen still hinunter und vorbei.
Die Pflaumenbäume sind wohl abgehauen
Und fragst du mich, was mit der Liebe sei?
So sag ich dir: Ich kann mich nicht erinnern
Und doch, gewiß, ich weiß schon, was du meinst.
Doch ihr Gesicht, das weiß ich wirklich nimmer
Ich weiß nur mehr: Ich küßte es dereinst.

3

Und auch den Kuß, ich hätt ihn längst vergessen
Wenn nicht die Wolke dagewesen wär
Die weiß ich noch und werd ich immer wissen
Sie war sehr weiß und kam von oben her.
Die Pflaumenbäume blühn vielleicht noch immer
Und jene Frau hat jetzt vielleicht das siebte Kind
Doch jene Wolke blühte nur Minuten
Und als ich aufsah, schwand sie schon im Wind.

Im Grünen zu singen

Hugo
von
Hofmannsthal

I

Hörtest du denn nicht hinein,
Daß Musik das Haus umschlich?
Nacht war schwer und ohne Schein,
Doch der sanft auf hartem Stein
Lag und spielte, das war ich.

Was ich konnte, sprach ich aus:
„Liebste du, mein Alles du!"
Östlich brach ein Licht heraus,
Schwerer Tag trieb mich nach Haus,
Und mein Mund ist wieder zu.

II

War der Himmel trüb und schwer,
Waren einsam wir so sehr,
Voneinander abgeschnitten!
Aber das ist nun nicht mehr:
Lüfte fließen hin und her;
Und die ganze Welt inmitten
Glänzt, als ob sie gläsern wär.

Sterne kamen aufgegangen,
Flimmern mein- und deinen Wangen,
Und sie wissen's auch:
Stark und stärker wird ihr Prangen;
Und wir atmen mit Verlangen,
Liegen selig wie gefangen,
Spüren eins des andern Hauch.

III

Die Liebste sprach: „Ich halt dich nicht,
Du hast mir nichts geschworn.
Die Menschen soll man halten nicht,
Sind nicht zur Treu geborn.

Zieh deine Straßen hin, mein Freund,
Beschau dir Land um Land,
In vielen Betten ruh dich aus,
Viel Frauen nimm bei der Hand.

Wo dir der Wein zu sauer ist,
Da trink du Malvasier,
Und wenn mein Mund dir süßer ist,
So komm nur wieder zu mir!"

Sommerfäden

Nikolaus
Lenau

Mädchen, sieh, am Wiesenhange,
Wo wir oft gewandelt sind,
Sommerfäden, leichte, lange,
Gaukeln hin im Abendwind.

Deine Worte, leicht und munter,
Flattern in die kühle Luft;
Keines mehr, wie sonst, hinunter
In des Herzens Tiefe ruft.

Winter spinnet los' und leise
An der Fäden leichtem Flug,
Webt daran aus Schnee und Eise
Bald den Leichenüberzug.

Künden mir die Sommerfäden,
Daß der Sommer welk und alt,
Merk ich es an deinen Reden,
Mädchen, daß dein Herz wird kalt!

Rettung

Johann
Wolfgang
Goethe Mein Mädchen ward mir ungetreu,
Das machte mich zum Freudenhasser;
Da lief ich an ein fließend Wasser,
Das Wasser lief vor mir vorbei.

Da stand ich nun, verzweifelnd, stumm;
Im Kopfe war mir's wie betrunken,
Fast wär ich in den Strom gesunken,
Es ging die Welt mit mir herum.

Auf einmal hört ich was, das rief –
Ich wandte just dahin den Rücken –,
Es war ein Stimmchen zum Entzücken:
„Nimm dich in acht! der Fluß ist tief."

Da lief mir was durchs ganze Blut,
Ich seh, so ist's ein liebes Mädchen;
Ich frage sie: „Wie heißt du?" – „Käthchen!"
„O schönes Käthchen, du bist gut.

Du hältst vom Tode mich zurück,
Auf immer dank ich dir mein Leben;
Allein das heißt mir wenig geben,
Nun sei auch meines Lebens Glück!"

Und dann klagt ich ihr meine Not,
Sie schlug die Augen lieblich nieder;
Ich küßte sie und sie mich wieder,
Und – vorderhand nichts mehr von Tod.

Don Juan überm Sund

Christa
Alten klirrend auf stählernen Schuhn
schreckte Fische die Nixen sahn
das Wehn seines schwarzen Schals
er zog Kreise über ihnen sein dunkler Blick traf
das jüngste Meermädchen mitten ins Herz
das ist mein Prinz er ist kühn
hinauf wollte sie um jeden Preis
das Eis kannte das Mädchen wurde fester
      undurchdringbar

Die älteste Schwester erkannte ihn
es ist nur Don Juan
das Feuer seiner Augen ist kalt sein Herz kälter
      als Eis
du würdest erfrieren
für diesen wirst du nicht
jeden Schritt auf Messern gehn
deine Stimme weggeben
wie könnte ihn deine Stummheit erreichen
der nur sich hört
dich rufen würde wegschicken
wie einen Hund

Wenn du ihn haben mußt wird das Eis sich öffnen
dann zieh ihn hinab
nein sagte die Seejungfrau traurig
sterben soll er nicht
Das Eis aber begann zu grollen zu knirschen

zeigte Risse sagte zu Don Juan
verschwinde laß dich nie wieder sehn sonst...
Don Juan verstand
zog die Mütze vor den Nixen
verschwand
klirrend auf stählernen Schuhn

Späte Liebe

Günter Ein alter Baum war jahrelang
Gregor verliebt in eine junge, schlanke
und gutgewachsne Efeuranke,
die kosend seinen Stamm umschlang.

Da ward dem knorrigen Gesell
ob dieser lang vermißten Liebe
der stürmisch-jungen Efeutriebe
ein jeder Tag so froh und hell.

Bis einst ein Sturm in wilder Nacht –
nichtachtend jener glücksgeweihten
und ach so späten Seligkeiten –
den stolzen Baum zu Fall gebracht.

Da lag er nun, der arme Tor,
samt seinem Glauben an die Treue.
Die Ranke aber ohne Reue
kroch schon am nächsten Stamm empor.

Sie war ein Blümlein

Wilhelm Busch Sie war ein Blümlein hübsch und fein,
Hell aufgeblüht im Sonnenschein.
Er war ein junger Schmetterling,
Der selig an der Blume hing.

Oft kam ein Bienlein mit Gebrumm
Und nascht und säuselt da herum.
Oft kroch ein Käfer kribbelkrab
Am hübschen Blümlein auf und ab.

Ach Gott, wie das dem Schmetterling
So schmerzlich durch die Seele ging.

Doch was am meisten ihn entsetzt,
Das Allerschlimmste kam zuletzt.
Ein alter Esel fraß die ganze
Von ihm so heiß geliebte Pflanze.

Die verworfene Liebe

Johann   Ich habe genug.
Christian   Lust, Flammen und Küsse
Günther   Sind giftig und süße
            Und machen nicht klug.
            Komm, selige Freiheit, und dämpfe den Brand,
            Der meinem Gemüte die Weisheit entwand.

Was hab ich getan!
Jetzt seh ich die Triebe
Der törichten Liebe
Vernünftiger an;
Ich breche die Fessel, ich löse mein Herz
Und hasse mit Vorsatz den zärtlichen Schmerz.

Was quält mich vor Reu?
Was stört mir vor Kummer
Den nächtlichen Schlummer?
Die Zeit ist vorbei.
O köstliches Kleinod, o teurer Verlust!
O hätt ich die Falschheit nur eher gewußt!

Geh, Schönheit, und fleuch!
Die artigsten Blicke
Sind schmerzliche Stricke;
Ich merke den Streich.
Es lodern die Briefe, der Ring bricht entzwei
Und zeigt meiner Schönen: Nun leb ich recht frei.

Nun leb ich recht frei
Und schwöre von Herzen,
Daß Küssen und Scherzen
Ein Narrenspiel sei;
Denn wer sich verliebet, der ist wohl nicht klug.
Geh, falsche Sirene, ich habe genug!

Anja

Unsere Liebe, Anja,
unsere Liebe unter dem Laubschirm,
den das Schwarzholz spannt –
Betrügerin du, die nach Erdbeeren geht
und auf zwei Fingern pfeift,
damit es Wenzel hört von ferne!

Ich erbettelte weißen Wein für dich.
Du tratst das Feuer aus.
Ich trug Steine zusammen,
fing an, vier Mauern zu ziehen.
Du hast die Vögel gefüttert
mit unserem Brot.

Morgen werde ich
mit dem Fährmann verhandeln –
drüben ist, wie sie sagen, ein anderer Himmel
und alle Zärtlichkeit gerecht –:

Will ohne dich gehn, Anja,
will spurlos in Öde und Klarheit hausen
und Träume fischen aus tauben Blüten
von Blumen im Fels.

Sieh mich nicht an!
O sieh mich an, daß ich bleibe!

*Heinz
Piontek*

198

Scheiden und Meiden

Ludwig So soll ich nun dich meiden,
Uhland Du, meines Lebens Lust!
    Du küssest mich zum Scheiden,
    Ich drück dich an die Brust.

    Ach Liebchen, heißt das meiden,
    Wenn man sich herzt und küßt?
    Ach Liebchen, heißt das scheiden,
    Wenn man sich fest umschließt?

Der Brief, den du geschrieben

Heinrich Der Brief, den du geschrieben,
Heine Er macht mich gar nicht bang;
    Du willst mich nicht mehr lieben,
    Aber dein Brief ist lang.

    Zwölf Seiten, eng und zierlich!
    Ein kleines Manuskript!
    Man schreibt nicht so ausführlich,
    Wenn man den Abschied gibt.

Scheidelied

Friedrich
Hebbel Kein Lebewohl, kein banges Scheiden!
Viel lieber ein Geschiedensein!
Ertragen kann ich jedes Leiden,
Doch trinken kann ich's nicht wie Wein.

Wir saßen gestern noch beisammen,
Von Trennung wußt ich selbst noch kaum!
Das Herz trieb seine alten Flammen,
Die Seele spann den alten Traum.

Dann rasch ein Kuß vom lieben Munde,
Nicht schmerzgekränkt, nicht angstverkürzt!
Das nenn ich eine Abschiedsstunde,
Die leere Ewigkeiten würzt.

Requiem für Lilja

Richard
Pietraß Liljenka schüchterne Lilie
was suchst du in meinem Schatten

Ich bin nicht die Sonne
du bist nicht der Mond

Liljenka eilige Lilie
was suchst du in meinem Herzen

Ich bin nicht die Liebe
du bist nicht der Tod

Liljenka zärtliche Lilie
was suchst du an meinen Lippen

Ich bin nicht die Rose
du bist nicht das Gras

Ein Jüngling liebt ein Mädchen

Heinrich Ein Jüngling liebt ein Mädchen,
Heine Die hat einen andern erwählt;
Der andre liebt eine andre,
Und hat sich mit dieser vermählt.

Das Mädchen heiratet aus Ärger
Den ersten besten Mann,
Der ihr in den Weg gelaufen;
Der Jüngling ist übel dran.

Es ist eine alte Geschichte,
Doch bleibt sie immer neu;
Und wem sie just passieret,
Dem bricht das Herz entzwei.

Lose

Theodor
Storm Der einst er seine junge
Sonnige Liebe gebracht,
Die hat ihn gehen heißen,
Nicht weiter sein gedacht.

Drauf hat er heimgeführet
Ein Mädchen still und hold;
Die hat aus allen Menschen
Nur einzig ihn gewollt.

Und ob sein Herz in Liebe
Niemals für sie gebebt,
Sie hat um ihn gelitten
Und nur für ihn gelebt.

Allem, was du empfindest

Bertolt
Brecht Allem, was du empfindest, gib
die kleinste Größe.

Er hat gesagt, ohne dich
Kann er nicht leben. Rechne also damit, wenn du
    ihn wieder triffst
Erkennt er dich wieder.

Tue mir also den Gefallen und liebe mich nicht
    zu sehr.

Als ich das letzte Mal geliebt wurde, erhielt ich
    alle die Zeit über
Nicht die kleinste Freundlichkeit.

Ach, wer bringt die schönen Tage,
Jene Tage der ersten Liebe,
Ach, wer bringt nur eine Stunde
Jener holden Zeit zurück!

Erster Verlust

Johann   Ach, wer bringt die schönen Tage,
Wolfgang   Jene Tage der ersten Liebe,
Goethe   Ach, wer bringt nur eine Stunde
           Jener holden Zeit zurück!

           Einsam nähr ich meine Wunde,
           Und mit stets erneuter Klage
           Traur' ich ums verlorne Glück.

           Ach, wer bringt die schönen Tage,
           Jene holde Zeit zurück!

Bitterer Vorschlag

Heinz   Von nun an bitte ich:
Kahlau   mich zu vergessen.
          Ich bin nicht nötiger
          als Salz und Wind.
          Stört dich das Salz,
          so zuckere dein Essen.
          Stört dich der Wind –
          bleib nicht, wo Winde sind.

Agnes

Eduard   Rosenzeit! wie schnell vorbei,
Mörike   Schnell vorbei
         Bist du doch gegangen!
         Wär mein Lieb nur blieben treu,
         Blieben treu,
         Sollte mir nicht bangen.

         Um die Ernte wohlgemut,
         Wohlgemut
         Schnitterinnen singen,
         Aber, ach! mir krankem Blut,
         Mir krankem Blut
         Will nichts mehr gelingen.

         Schleiche so durchs Wiesental,
         So durchs Tal
         Als im Traum verloren,
         Nach dem Berg, da tausendmal,
         Tausendmal
         Er mir Treu geschworen.

         Oben auf des Hügels Rand,
         Abgewandt,
         Wein ich bei der Linde;
         An dem Hut mein Rosenband,
         Von seiner Hand,
         Spielet in dem Winde.

Sie sehn sich nicht wieder

Friedrich Von dunkelnden Wogen
Hebbel Hinuntergezogen,
Zwei schimmernde Schwäne, sie schiffen daher.
Die Winde, sie schwellen
Allmählich die Wellen,
Die Nebel sie senken sich finster und schwer.

Die Schwäne, sie meiden
Einander und leiden,
Nun tun sie es nicht mehr, sie können die Glut
Nicht länger verschließen,
Sie wollen genießen,
Verhüllt von den Nebeln, gewiegt von der Flut.

Sie schmeicheln, sie kosen,
Sie trotzen dem Tosen
Der Wellen, die zweie in eines verschränkt.
Wie die sich auch bäumen,
Sie glühen und träumen,
In Liebe und Wonne zum Sterben versenkt.

Nach innigem Gatten
Ein süßes Ermatten,
Da trennt sie die Woge, bevor sie's gedacht.
Laßt ruhn das Gefieder!
Ihr seht euch nicht wieder,
Der Tag ist vorüber, es dämmert die Nacht.

Und wüßten's die Blumen

Heinrich Heine

Und wüßten's die Blumen, die kleinen,
Wie tief verwundet mein Herz,
Sie würden mit mir weinen,
Zu heilen meinen Schmerz.

Und wüßten's die Nachtigallen,
Wie ich so traurig und krank,
Sie ließen fröhlich erschallen
Erquickenden Gesang.

Und wüßten sie mein Wehe,
Die goldnen Sternelein,
Sie kämen aus ihrer Höhe,
Und sprächen Trost mir ein.

Die alle können's nicht wissen,
Nur Eine kennt meinen Schmerz:
Sie hat ja selbst zerrissen,
Zerrissen mir das Herz.

Ich hort ein sichellin rauschen

Unbekannter
Dichter Ich hort ein sichellin rauschen,
wol rauschen durch das korn,
ich hort ein feine magt klagen:
sie het ir lieb verlorn.

„La rauschen, lieb, la rauschen!
ich acht nit wie es ge;
ich hab mir ein bulen erworben
in veiel und grünem kle."

„Hast du ein bulen erworben
in veiel und grünem kle,
so ste ich hie alleine,
tut meinem herzen we."

Ez stuont ein vrouwe alleine

Dietmar Ez stuont ein vrouwe alleine
von Eist   und warte uber heide,
und warte ir liebes,
sô gesach sie valken fliegen.
,sô wol dir, valke, daz du bist!
du fliugest, swar dir liep ist;
du erkiusest dir in dem walde
einen boum, der dir gevalle.
alsô hân ouch ich getân:
ich erkôs mir selbe einen man,
den erwelten mîniu ougen;
daz nîdent schône vrouwen.
owê, wan lânt si mir mîn liep?
jo engerte ich ir dekeiner trûtes niet!'

Der Spinnerin Lied

Clemens Es sang vor langen Jahren
Brentano Wohl auch die Nachtigall;
Das war wohl süßer Schall,
Da wir zusammen waren.

Ich sing und kann nicht weinen,
Und spinne so allein
Den Faden klar und rein,
Solang der Mond will scheinen.

Da wir zusammen waren,
Da sang die Nachtigall,
Nun mahnet mich ihr Schall,
Daß du von mir gefahren.

Sooft der Mond mag scheinen,
Gedenk ich dein allein,
Mein Herz ist klar und rein,
Gott wolle uns vereinen.

Seit du von mir gefahren,
Singt stets die Nachtigall.
Ich denk bei ihrem Schall,
Wie wir zusammen waren.

Gott wolle uns vereinen,
Hier spinn ich so allein,
Der Mond scheint klar und rein,
Ich sing und möchte weinen!

Liebesklagen des Mädchens

Jakob   Nach meiner Lieb viel hundert Knaben trachten,
Regnart Allein den ich lieb hab, will mein nit achten.
    Ach weh mir armen Maid, vor Leid muß ich
       verschmachten.

Jeder begehrt zu mir sich zu verpflichten,
Allein den ich lieb hab, tut mich vernichten;
Ach weh mir armen Maid, was soll ich dann
    anrichten?

All andre tun mir Gutes viel verjehen,
Allein den ich lieb hab, mag mich nit sehen;
Ach weh mir armen Maid, wie muß mir dann
    geschehen?

Keinr unter allen mag mir widerstreben,
Allein den ich lieb hab, will sich nit geben;
Ach weh mir armen Maid, was soll mir dann das
    Leben!

Lebewohl!

Eduard „Lebewohl!" – Du fühlest nicht,
Mörike Was es heißt, dies Wort der Schmerzen;
      Mit getrostem Angesicht
      Sagtest du's und leichtem Herzen.

      Lebewohl! – Ach, tausendmal
      Hab ich mir es vorgesprochen.
      Und in nimmersatter Qual
      Mir das Herz damit gebrochen.

An den Wind

Nikolaus   Ich wandre fort ins ferne Land;
Lenau   Noch einmal blickt' ich um, bewegt,
       Und sah, wie sie den Mund geregt
       Und wie gewinket ihre Hand.

       Wohl rief sie noch ein freundlich Wort
       Mir nach auf meinen trüben Gang,
       Doch hört ich nicht den liebsten Klang,
       Weil ihn der Wind getragen fort.

       Daß ich mein Glück verlassen muß,
       Du rauher, kalter Windeshauch,
       Ist's nicht genug, daß du mir auch
       Entreißest ihren letzten Gruß?

Morgen muß ich weg von hier

Unbekannter Morgen muß ich weg von hier
Dichter und muß abschied nehmen;
o du allerhöchste zier,
scheiden, das bringt grämen.
da ich dich so treu geliebt,
über alle maßen,
sol ich dich verlassen.

Wenn zwei gute freunde sind,
die einander kennen,
sonn und mond bewegen sich,
ehe sie sich trennen.
noch viel größer ist der schmerz,
wenn ein treu verliebtes herz
in die fremde ziehet.

Dort auf jener grünen au
steht mein jung frisch leben,
sol ich dann mein lebelang
in der fremde schweben?
hab ich dir was leids getan,
bitt dich, wols vergessen.
denn es geht zu ende.

Küsset dir ein lüftelein
wangen oder hende,
denke, daß es seufzer sein,
die ich zu dir sende;
tausend schick ich täglich aus,
die da wehen um dein haus,
weil ich dein gedenke.

Jahrmarkt

Joseph
von
Eichendorff Sind's die Häuser, sind's die Gassen?
Ach, ich weiß nicht, wo ich bin!
Hab ein Liebchen hier gelassen,
Und manch Jahr ging seitdem hin.

Aus den Fenstern schöne Frauen
Sehn mir freundlich ins Gesicht,
Keine kann so frischlich schauen,
Als mein liebes Liebchen sicht.

An dem Hause poch ich bange –
Doch die Fenster stehen leer,
Ausgezogen ist sie lange,
Und es kennt mich keiner mehr.

Und ringsum ein Rufen, Handeln,
Schmucke Waren, bunter Schein,
Herrn und Damen gehn und wandeln
Zwischendurch in bunten Reihn.

Zierlich Bücken, freundlich Blicken,
Manches flücht'ge Liebeswort,
Händedrücken, heimlich Nicken –
Nimmt sie all der Strom mit fort.

Und mein Liebchen sah ich eben
Traurig in dem lust'gen Schwarm,
Und ein schöner Herr daneben
Führt' sie stolz und ernst am Arm.

Doch verblaßt war Mund und Wange,
Und gebrochen war ihr Blick,
Seltsam schaut' sie stumm und lange,
Lange noch auf mich zurück. –

Und es endet Tag und Scherzen,
Durch die Gassen pfeift der Wind –
Keiner weiß, wie unsre Herzen
Tief von Schmerz zerrissen sind.

Das zerbrochene Ringlein

Joseph In einem kühlen Grunde
von Da geht ein Mühlenrad,
Eichendorff Mein Liebste ist verschwunden,
Die dort gewohnet hat.

Sie hat mir Treu versprochen,
Gab mir ein'n Ring dabei,
Sie hat die Treu gebrochen,
Mein Ringlein sprang entzwei.

Ich möcht als Spielmann reisen
Weit in die Welt hinaus,
Und singen meine Weisen,
Und gehn von Haus zu Haus.

Ich möcht als Reiter fliegen
Wohl in die blut'ge Schlacht,
Um stille Feuer liegen
Im Feld bei dunkler Nacht.

Hör ich das Mühlrad gehen:
Ich weiß nicht, was ich will –
Ich möcht am liebsten sterben,
Da wär's auf einmal still.

Heidenröslein

Johann Sah ein Knab ein Röslein stehn,
Wolfgang Röslein auf der Heiden,
Goethe War so jung und morgenschön,
Lief er schnell, es nah zu sehn,
Sah's mit vielen Freuden.
Röslein, Röslein, Röslein rot,
Röslein auf der Heiden.

Knabe sprach: „Ich breche dich,
Röslein auf der Heiden!"
Röslein sprach: „Ich steche dich,
Daß du ewig denkst an mich,
Und ich will's nicht leiden."
Röslein, Röslein, Röslein rot,
Röslein auf der Heiden.

Und der wilde Knabe brach
's Röslein auf der Heiden;
Röslein wehrte sich und stach,
Half ihm doch kein Weh und Ach,
Mußt' es eben leiden.
Röslein, Röslein, Röslein rot,
Röslein auf der Heiden.

Traum

Unbekannter
Dichter Ich hab die Nacht geträumet
Wohl einen schweren Traum:
Es wuchs in meinem Garten
Ein Rosmarienbaum.

Ein Kirchhof war der Garten,
Ein Blumenbeet das Grab,
Und von dem grünen Baume
Fiel Kron und Blüte ab.

Die Blüten tät ich sammeln
In einen goldnen Krug;
Der fiel mir aus den Händen,
Daß er in Stücken schlug.

Draus sah ich Perlen rinnen
Und Tröpflein rosenrot.
Was mag der Traum bedeuten?
Ach, Liebster, bist Du tot?

Ich zôch mir einen valken

Der
Kürenberger
‚Ich zôch mir einen valken
                mêre danne ein jâr.
dô ich in gezamete
                als ich in wolte hân
und ich im sîn gevidere
                mit golde wol bewant,
er huop sich ûf vil hôhe
                und floug in anderiu lant.

Sît sach ich den valken
                schône fliegen:
er fuorte an sînem fuoze
                sîdîne riemen,
und was im sîn gevidere
                alrôt guldîn.
got sende si zesamene
                die gerne geliep wellen sîn!'

Du gehst an meiner Seite

Theodor Du gehst an meiner Seite hin
Storm Und achtest meiner nicht;
Nun schmerzt mich deine weiße Hand,
Dein süßes Angesicht.

O sprich wie sonst ein liebes Wort,
Ein einzig Wort mir zu!
Die Wunden bluten heimlich fort,
Auch du hast keine Ruh.

Der Mund, der jetzt zu meiner Qual
Sich stumm vor mir verschließt,
Ich hab ihn ja so tausendmal,
vieltausendmal geküßt.

Was einst so überselig war,
Bricht nun das Herz entzwei;
Das Aug, das meine Seele trank,
Sieht fremd an mir vorbei.

Ohne dich

Hermann
Hesse Mein Kissen schaut mich an zur Nacht
Leer wie ein Totenstein;
So bitter hatt ich's nie gedacht,
Allein zu sein
Und nicht in deinem Haar gebettet sein!

Ich lieg allein im stillen Haus,
Die Ampel ausgetan,
Und strecke sacht die Hände aus,
Die deinen zu umfahn,
Und dränge leis den heißen Mund
Nach dir und küss' mich matt und wund –
Und plötzlich bin ich aufgewacht
Und ringsum schweigt die kalte Nacht,
O du, wo ist dein blondes Haar,
Wo ist dein süßer Mund?

Nun trink ich Weh in jeder Lust
Und Gift in jedem Wein;
So bitter hatt ich's nie gewußt,
Allein zu sein,
Allein und ohne dich zu sein!

Der graue Regen rinnt

Eva Die Fenster spiegeln Traurigkeit,
Lippold der graue Regen rinnt.
Mein Herz ist schwer von altem Leid,
das neu im Herbst beginnt.
Bald wird ein langes Schweigen
um Haus und Garten sein.
Kein Blatt mehr an den Zweigen,
nur letzter roter Wein.

So rot hat auch der Wein geglüht,
den du zuletzt gesehn.
Am Gitter war er dir erblüht
noch im Oktoberwehn.
Die roten Blätter starben
vor dir in Schönheit ab.
Der Abschied ihrer Farben
wob Zukunft dir und Grab.

Zum zehnten Male, Jahr um Jahr,
ist nun ihr Glanz verloht,
und immer, immer wieder war
ihr Sterben wie dein Tod.
Ist frei auch unser Leben
wie einst dein tiefstes Sein,
nie seh ich ohne Beben
den letzten roten Wein.

1955

Abschied

*Else
Lasker-
Schüler* Aber du kamst nie mit dem Abend –
Ich saß im Sternenmantel.

. . . Wenn es an mein Haus pochte,
War es mein eigenes Herz.

Das hängt nun an jedem Türpfosten,
Auch an deiner Tür;

Zwischen Farren verlöschende Feuerrose
Im Braun der Guirlande.

Ich färbte dir den Himmel brombeer
Mit meinem Herzblut.

Aber du kamst nie mit dem Abend –
. . . Ich stand in goldenen Schuhen.

Liebeslied

Erich
Arendt Frau, du wirst noch dann
unter Sternen sein,
wenn ein fremder Mann
ich schon bin und kein

Lächeln mehr ersteht
dir aus unserem Glück.
Denn die Liebe geht –
bleiben wir zurück.

Was das Herz hier spricht,
das verweht ein Wind.
Küsse mein Gesicht,
weil wir sterblich sind.

Da die Nacht nun steigt
und das Wissen schreckt,
muß der Mann, der schweigt,
ich nun sein; verdeckt

ganz von Dunkelheit,
die mein Leid nie zeigt.
Und ich bin schon weit,
weit von dir geneigt.

Geh an mir vorbei
in dem trüben Licht.
Denn ich spüre so
ewig dein Gesicht!

Sonst ertrag ich nie
meine Sehnsucht hier.
Geh am Ende ein
noch mit Gras und Tier.

Das große Feuerwerk

Gertrud Das große Feuerwerk ist nun verpufft.
Kolmar Und, tausend losgespritzte Fünkchen, hängen
Noch kleine Sterne in des Dunkels Fängen.
Die Nacht ist lang.

Ich lehn am Baum und sinn am Himmel hin
Und sehe wieder dünnen Sprühgoldregen
Dem Teich enttanzen, sich vertropfend legen.
Die Nacht ist lang.

Weiß ist mein Hut, mein Kleid ist leicht, mich friert,
Bleich blühten Chrysanthemen ob den Wellen,
Zerrieselten in sieben rosige Quellen.
Die Nacht ist lang.

Ich such die Bank und warte, hart geduckt.
Es duckte sich die Schlange, pfiff im Sprunge
Und zischte rasend auf mit glüher Zunge.
Die Nacht ist lang.

Ich wärme meine starren Hände nicht.
Aus Schwarz und Schimmer stieg ein Palmenfächer,
Der zückte Silberspeere auf die Dächer.
Die Nacht ist lang.

Mein Auge schläfert, aber unterm Lid
Kreist noch das Sonnenrad mit leisem Singen,
Und grüne Ringe gehn aus roten Ringen.
Die Nacht ist lang.

Das große Feuerwerk ist längst verpufft.
Zwölf Schläge tut es irgendwo im Weiten –
Ich geh wohl heim, weil so die Füße schreiten.
Du kommst nicht mehr.

Herbstlied

Margarete
Neumann Knarrt der Wind in kahlen Ästen,
ach, der Sommer ist dahin,
keiner geht vorbei am Fenster,
sieht, wie ich alleine bin.

Spielt das Kind mir um die Füße,
streich ihm aus der Stirn das Haar,
säng ihm gern ein ander Liedchen,
wie's im Mai, im Sommer war!

Brauchst doch nicht mit mir zu weinen,
siehst mich groß und fragend an:
wird die Sonne wieder scheinen,
fängt ein neuer Sommer an.

Wolln im Ofen Strauch verbrennen,
schluck die Tränen in den Hals,
Feuer wird uns Äpfel braten,
Äpfelchen schmeckt nicht mit Salz!

Herbstliches Liebeslied

Walter Wilder Wein rankt rot ums Haus,
Werner Efeu fröstelt an der Mauer.
    Überm welken Rosenstrauß
    tropfen kühle Nebel aus,
    schmecken Küsse sauer.

    So war's noch im alten Jahr,
    als wir um die Liebe stritten,
    feuchten Blick im weichen Haar,
    alles, was noch unreif war,
    haben wir durchlitten.

Ich hab Sehnsucht gehabt

Rose Ich hab Sehnsucht gehabt
Nyland nach den Straßen,
die Dunkelheit aufsteigen lassen
am Abend
und wo Schatten
nicht sichtbar werden.
In engen Winkeln geboren,
schmecken die Küsse nach Rauch.

Ja, ich habe Sehnsucht gehabt
nach zahllosen Küssen.
Wie die glühenden Steine im Sommer
so satt war an Wärme
mein Mund und hungrig
nach Regen.

Vor deinen geschlossenen Lippen aber
ist meine Sehnsucht zum Heimweh gereift –

Ich warte auf Nelly

Rudolf   Ich zähle die Stunden nach meinen Herzschlägen.
Leonhard Ich sehe die braunen Blätter im Teiche schwimmen.
Ich höre schnalzende Fische die Stille zersägen.
Ich höre Schritte hinter den Hecken und Stimmen.

Ich weiß, daß es nicht Deine Stimme und Schritte
     sind.
Ich fühle, daß der Herbst vergebens verloht.
Mich tröstet nicht mehr mein Geliebter, der Wind.
Ich bin tief traurig, und ich denke an den Tod.

Ich höre dumpfen Falles Kastanien fallen.
Ein großer Mann geht stumm vorüber. Der
     Himmel birst.
Ich bin so müde. Kaum kann ich noch Deinen
     Namen lallen.
Ich warte und warte. Ich weiß, daß Du nicht
     kommen wirst.

Warum stehst du im Regen

Georg
Zemke

Warum stehst du im Regen,
bist du verlassen, allein?
Wind weht das Laub von den Wegen,
es wird ein Wiedersehn sein.

Eines, das dir willkommen,
bange im Herzen ersehnt –
Stimme, die du vernommen,
Baum, der sich stumm an dich lehnt.

Dort, wo stilles Erglühen
weithin im Fenster erscheint,
schaun unterm Stern, dem frühen,
Augen, wie deine verweint.

Die alte Weise

Karl
Vollmoeller

Die alte Weise kann ich nimmer finden.

Der Mondschein flutet silbern in den Gründen
es ist, als wollt die Nacht im Duft vergehen.
In solchen Nächten kamst du sonst zu mir
dann klangen feine Stimmen in den Winden
und leise träumend saß ich fromm bei dir –
nun ist es lang daß ich dich nicht gesehen.
Kennst du das Herz und der Gedanken Sünden

Die alte Weise kann ich nimmer finden

postkarte

Jens ach du meine
Gerlach bitterbittre liebe
die mich tag für tag
erwürgt
und nur hohn und
peitschenhiebe
auf die offnen hände
                kennt...

ach du meine
bitterbittre liebe
taubstumm blind und
unverbürgt:
wenn die glut der
hiebe bliebe
hätt ich etwas das noch
                brennt...

ach du meine
bitterbittre liebe
ich bin gegen
nichts gefeit:
selbst die tage
sind wie diebe
denn sie stehlen mir die
                zeit...

Letzter Abendgang

Günther Letzter Abendgang (wir sehn uns wieder),
Deicke und die Grille geigt nicht mehr im Heu.
Mücke singt nicht mehr (wir sehn uns wieder),
und der hohe Sommer ist vorbei.

Bist du noch bei mir (wir sehn uns wieder),
da auf See das letzte Segel schwand?
Dunkel fällt uns an. Wir sehn uns wieder
wohl an diesem oder jenem Strand.

Und es wird wie einst: der Sommer wieder
reift der Liebe Sonnenrose schwer.
Sag mir einmal noch: Wir sehn uns wieder!
Denn wir sehn uns heut und nimmermehr.

Warum sind denn die Rosen so blaß

Heinrich   Warum sind denn die Rosen so blaß,
Heine   O sprich, mein Lieb, warum?
Warum sind denn im grünen Gras
Die blauen Veilchen so stumm?

Warum singt denn mit so kläglichem Laut
Die Lerche in der Luft?
Warum steigt denn aus dem Balsamkraut
Hervor ein Leichenduft?

Warum scheint denn die Sonn auf die Au
So kalt und verdrießlich herab?
Warum ist denn die Erde so grau
Und öde wie ein Grab?

Warum bin ich selbst so krank und so trüb,
Mein liebes Liebchen, sprich?
O sprich, mein herzallerliebstes Lieb,
Warum verließest du mich?

Vorahnung

Gisela Steineckert

Von deinen Traurigkeiten heb ich meine Hände,
von deinen Schmerzen reiß ich meine Blicke los.
Du stirbst in mir, du gehst in mir zu Ende –
ich nehme mich zurück bis in den Schoß.

Von unserm Sommer weiß ich nur noch die
     Gewitter,
von unsern Nächten nur das Warten und die Angst.
Ich lehne meine Stirn an deine Gitter
und höre nicht mehr, was du noch verlangst.

Als dein Mund ein Stern war

Jo Schulz

Als dein Mund ein Stern war,
unerreichbar noch,
zwang mich meine Sehnsucht
zu dir hoch.

Als dein Mund ganz mein war,
sah ich den Stern nicht mehr,
weil die Welt wie ein Garten klein war –
da fehlte der Stern mir sehr.

Abschied

Hanns Cibulka Ich lebe nicht,
ich vegetiere.

Ich gehe umher
mit einer nagenden Ratte
am Herzen,
ich gehe umher
mit Eisenstangen
an den Beinen.

Jeder Tag
ein schwebendes
Beil.

Und wenn die Nacht
mit eulenhaftem Schrei
vorm Fenster steht,
den harten Wodka
durch die Kehle gurgeln,
bis alle Räume
schwanken!

Nur keine Wiederkehr
auf dieser kargen Erde,
die vor dem Leben warnten,
sie kannten längst
das stille Land
nicht mehr zu sein.

Abschied

Kuba Ist Märzenschnee gefallen –
nun wird ein spätes Jahr,
und im Frost erstarrt der Sonnenball,
und der Sturmwind wühlt im Flockenfall
und in deinem schwarzen Haar.

Ist Märzenschnee gefallen,
der tut den Knospen weh.
Und manche möchte dem Maienschein
ein blühender Stern im Schleier sein
und stirbt in März und Schnee.

Ist Märzenschnee gefallen,
und wenn der Himmel taut
und der Kirschbaum grüne Früchte treibt
und die Sonne rote Worte schreibt
der Erde auf die Haut,

dann atmen wir und leben
und ziehen mit dem Wind
und den Brüdern und dem ganzen Heer
vom großen Meer zum stillen Meer,
und der Weg zum Glück ist weit und schwer,
mein schwarzes Sommerkind.

Auseinandergehn

Volker Morgen werde ich aus deiner Wolke steigen
Braun   und dich in den Himmel weiterschwimmen lassen,
     deinen Brüsten noch mal winken, wenn der Wind
        sie freigibt,
     und den Kopf wegdrehn, eh deine Tränen kommen.

Ach, du wirst so hoch und still hinsegeln
und am ersten Tag der müde Regen sein,
und dein Bett wird niederstürzen als ein kalter
        Schnee,
und dein Lachen wird mich hell wie Hagel treffen.

Und ich werde manchmal noch nach oben schauen,
ob nicht noch ein Stückchen blaue Freude in dir ist?
Nur wenn ich dein Trauern spür in den Gewittern,
fragen: bin ich ganz umsonst bei dir gewesen?

Abschied

Johann Zu lieblich ist's, ein Wort zu brechen,
Wolfgang Zu schwer die wohlerkannte Pflicht,
Goethe Und leider kann man nichts versprechen,
Was unserm Herzen widerspricht.

Du übst die alten Zauberlieder,
Du lockst ihn, der kaum ruhig war,
Zum Schaukelkahn der süßen Torheit wieder,
Erneust, verdoppelst die Gefahr.

Was suchst du mir dich zu verstecken!
Sei offen, flieh nicht meinen Blick!
Früh oder spät mußt ich's entdecken,
Und hier hast du dein Wort zurück.

Was ich gesollt, hab ich vollendet;
Durch mich sei dir von nun an nichts verwehrt;
Allein verzeih dem Freund, der sich nun von dir
      wendet
Und still in sich zurücke kehrt.

Plädoyer einer Frau

Erich   Du darfst mir das, was war, nicht übelnehmen.
Kästner Ich sag es dir, obwohl du mich nicht fragst.
Sieh mich dabei nicht an! Ich will mich schämen
und tun, als ob die Toten wiederkämen.
Ich glaube nicht, daß du mich dann noch magst.

Ich will nicht sagen, daß ich mir verzeihe.
Denn darauf kommt es im Moment nicht an.
Ich wartete und kam nicht an die Reihe.
Wer keinen Mann hat, hat auf einmal zweie!
Doch fünf von diesen wären noch kein Mann.

Man fühlt: man könnte Einem was bedeuten.
Es ist nur traurig, daß es ihn nicht gibt.
Und dann umarmt man sich mit fremden Leuten.
Und wird zu einer von den vielen Bräuten,
die sich nur lieben läßt und selbst nicht liebt.

Die Zeit vergeht. Geduld ist keine Ware.
Man sucht nicht mehr. Man findet ab und zu.
Man sieht vom Fenster aus die Jagd der Jahre.
Man wartet nicht mehr auf das Wunderbare.
Und plötzlich kommt es doch! Denn nun
          kommst du.

Was war, das bleibt. Wie soll ich mich erneuen?
Mir wird ein Schmerz mit Nadeln zugenäht.
Was war, das bleibt. Man kann es nur bereuen.
Nun bist du da. Nun sollte ich mich freuen!
Ich bin nicht froh. Ist es denn schon zu spät?

Sachliche Romanze

Erich
Kästner

Als sie einander acht Jahre kannten
(und man darf sagen: sie kannten sich gut),
kam ihre Liebe plötzlich abhanden.
Wie andern Leuten ein Stock oder Hut.

Sie waren traurig, betrugen sich heiter,
versuchten Küsse, als ob nichts sei,
und sahen sich an und wußten nicht weiter.
Da weinte sie schließlich. Und er stand dabei.

Vom Fenster aus konnte man Schiffen winken.
Er sagte, es wäre schon Viertel nach vier
und Zeit, irgendwo Kaffee zu trinken.
Nebenan übte ein Mensch Klavier.

Sie gingen ins kleinste Café am Ort
und rührten in ihren Tassen.
Am Abend saßen sie immer noch dort.
Sie saßen allein, und sie sprachen kein Wort
und konnten es einfach nicht fassen.

Über Feuer

Heinz Als die Feuer meiner Liebe lohten,
Kahlau waren sie zu hell für deine Augen,
waren sie zu heiß für deine Arme,
und du hast dich freundlich umgedreht.

Als die Feuer meiner Liebe brannten,
störte dich das Knistern ihrer Flammen,
zauste dir ihr Wind zu sehr die Haare,
und du sahst nicht, was für dich verbrennt.

Als die Feuer meiner Liebe strahlten,
hattest du ihr Licht in deinem Rücken
und den Wald mit seinem Holz vor Augen,
und du gabst nicht auf die Feuer acht.

Langsam sind die Feuer klein geworden,
und es fröstelt dich an deinen Armen,
und es kommt dir Asche in die Augen,
wenn du traurig in die Gluten bläst.

Du sagst nicht Ja

John
Erpenbeck

Du sagst nicht Ja,
was ich natürlich fände,
du sagst nicht Nein,
was ich vielleicht verstände,
nur über mein Gesicht
gehn deine Hände,
wie Tränen leicht,
wie Traurigkeiten schwer.

Ich hör dich lachen
und ich weiß dich weinen.
Wir lieben uns
und können uns nicht einen.
Die Sonne steht
und will nicht wärmer scheinen,
und auch die Worte
wärmen oft nicht mehr.

Abschied

Hans Der Vogel meiner Sehnsucht
Bender sitzt auf deiner Schulter.
Du trägst ihn
tief durch die Nacht
davon.

Winkt, Sterne, Wolken, Mond!
Zu schwer zu winken
hebt sich meine Hand.

Weit bist du gegangen.
Unter der Träne der letzten Laterne
schimmert sein weißes Gefieder.

Abendgespräch

Hermann   Was blickst du träumend ins verwölkte Land?
Hesse   Ich gab mein Herz in deine schöne Hand.
Es ist so voll von ungesagtem Glück,
So heiß – hast du es nicht gefühlt?

Mit fremdem Lächeln gibst du mir's zurück.
Ein sanfter Schmerz . . . Es schweigt. Es ist gekühlt.

Legende

Wolfgang   Jeden Abend wartet sie in grauer
Borchert   Einsamkeit und sehnt sich nach dem Glück.
Ach, in ihren Augen nistet Trauer,
denn er kam nicht mehr zurück.

Eines Nachts hat wohl der dunkle Wind
sie verzaubert zur Laterne.
Die in ihrem Scheine glücklich sind,
flüstern leis: ich hab dich gerne . . .

Wie soll ich fliehen?
Wälderwärts ziehen?
Alles vergebens!
Krone des Lebens,
Glück ohne Ruh,
Liebe, bist du!

Rastlose Liebe

Johann　Dem Schnee, dem Regen,
Wolfgang　Dem Wind entgegen,
Goethe　Im Dampf der Klüfte,
　　Durch Nebeldüfte,
　　Immer zu! Immer zu!
　　Ohne Rast und Ruh!

Lieber durch Leiden
Möcht ich mich schlagen,
Als so viel Freuden
Des Lebens ertragen.
Alle das Neigen
Von Herzen zu Herzen,
Ach, wie so eigen
Schaffet das Schmerzen!

Wie soll ich fliehen?
Wälderwärts ziehen?
Alles vergebens!
Krone des Lebens,
Glück ohne Ruh,
Liebe, bist du!

Herz, mein Herz

Heinrich
Heine

Herz, mein Herz, sei nicht beklommen,
Und ertrage dein Geschick,
Neuer Frühling gibt zurück,
Was der Winter dir genommen.

Und wie viel ist dir geblieben,
Und wie schön ist noch die Welt!
Und, mein Herz, was dir gefällt,
Alles, alles darfst du lieben!

Nachts

Günther
Deicke

Fühl ich nachts im Traum deine Hand –
kühl ist die Welt und Nebel im Land,
dunkel mein Zimmer, vielleicht bin ich dein,
dunkel dein Zimmer, vielleicht bist du mein –
wenn wir erwachen erst, sind wir allein.

Kühl ist die Welt und Nebel im Land.
Gib mir nachts im Traum deine Hand.

Der Tod, das ist die kühle Nacht

Heinrich Heine Der Tod, das ist die kühle Nacht,
Das Leben ist der schwüle Tag.
Es dunkelt schon, mich schläfert,
Der Tag hat mich müd gemacht.

Über mein Bett erhebt sich ein Baum,
Drin singt die junge Nachtigall;
Sie singt von lauter Liebe,
Ich hör es sogar im Traum.

Kiefern und Rosen

Peter Hacks Kiefern stehen, Rosen blühen
In dem weißen Heidesand.
Von der Liebe großen Mühen
Hab ich mich hierher gewandt.

Unter Kiefern, zwischen Rosen
Lieg ich ganz bei mir allein.
Seligstes von allen Losen,
Einsam und geliebt zu sein.

Glühn im Herd die Kiefernscheiter
Und der Rosenstock am End,
Kehr ich heim und liebe weiter,
Bis auch mich das Glück verbrennt.

Die Linde

Alfred Margul-Sperber Steht in der weiten Landschaft die Linde
Trunken vor Herbstglück und Abschied und
    schenkt
Tausend goldene Herzen dem Winde,
Der sie in tausend Liebkosungen tränkt.

Aber der Wind will als Liebster nicht taugen,
Bald schon gedenkt er der Trauten nicht mehr.
Ist er ihr einmal nur ganz aus den Augen,
Wirbelt er achtlos die Herzen umher!

Liegen die Herzen zertreten im Staube:
Nun hat die Linde sich völlig vertan,
Nun steht sie bloß und den Stürmen zum Raube!
Niemand sieht es der Frierenden an,

Wie sie einst reich war und was sie verschwendet,
Niemand ermißt ihr unendliches Weh!
Nur der Winter, der alles endet,
Deckt sie erbarmend mit seinem Schnee.

Wird sie sich künftighin weise beschränken,
Wenn ihr der Frühling erneuert das Kleid?
Wieder im Herbst wird sie Herzen verschenken,
Immer und immer zu schenken bereit!

Reigen

Ingeborg   Reigen – die Liebe hält manchmal
Bachmann   im Löschen der Augen ein,
und wir sehen in ihre eigenen
erloschenen Augen hinein.

Kalter Rauch aus dem Krater
haucht unsere Wimpern an;
es hielt die schreckliche Leere
nur einmal den Atem an.

Wir haben die toten Augen
gesehn und vergessen nie.
Die Liebe währt am längsten
und sie erkennt uns nie.

O glücklich, wer ein Herz gefunden

Hoffmann O glücklich, wer ein Herz gefunden,
von Das nur in Liebe denkt und sinnt;
Fallersleben Das, mit der Liebe treu verbunden,
Sein schönres Leben erst beginnt!

Wo liebend sich zwei Herzen einen,
Um eins zu sein in Freud und Leid,
Da muß des Himmels Sonne scheinen
Und heiter lächeln jede Zeit.

Die Liebe, nur die Lieb ist Leben!
Kannst du dein Herz der Liebe weihn,
So hat dir Gott genug gegeben,
Heil dir! die ganze Welt ist dein!

Morgens und abends zu lesen

Bertolt Der, den ich liebe
Brecht Hat mir gesagt
      Daß er mich braucht.

      Darum
      Gebe ich auf mich acht
      Sehe auf meinen Weg und
      Fürchte von jedem Regentropfen
      Daß er mich erschlagen könnte.

Dialektik

Wolfgang
Tilgner

Liebe mich...

             Liebe mich so, wie ich bin,
und ich bin so, ganz wie du mich liebst.
Tausch die Berührung zurück, die du gibst,
zitterndes Blatt, aus der Wurzel trink Sinn.

Liebe mich anders, als ich erschein,
lieb mich verwandelt in Zukunftsgestalt.
Spür schon den Schatten, doch pflanze den Wald,
lock mich von ferne, so würdest du mein.

Liebe mich heute, liebe mich jetzt.
Flammen von morgen, Träume sind kalt,
Wollust und Nähe werden nicht alt,
was einer ausspricht, ist schon verletzt.

Liebe die Zeit mich, die erst beginnt.
Was wir besessen, greift eine Hand,
was wir erstreben, gründet ein Land.
So dauert Liebe, da Liebe verrinnt.

Heim zu dir

Johannes
R. Becher

Tränenloses Weinen
Gab mir das Geleit,
Als ich von dir ging.

Deine Liebesworte durchflüstern mich,
Daß ich mich krümme
Vor Heimweh.

Stille stand ich,
Und ich beugte das Knie
Im Flehen der Stille.

Ich sah deinen Mund,
Hilflos geöffnet,
Verzogen von Schmerz,
Wie eine Wunde.

Das Zittern deiner Hände
Führte mich heim zu dir.
Heimgekehrt zu dir
Unter den Liebkosungen
Des Abschieds.

Lesebuch

Johann
Wolfgang
Goethe Wunderlichstes Buch der Bücher
Ist das Buch der Liebe.
Aufmerksam hab ich's gelesen:
Wenig Blätter Freuden,
Ganze Hefte Leiden.
Einen Abschnitt macht die Trennung.
Wiedersehn! ein klein Kapitel,
Fragmentarisch. Bände Kummers
Mit Erklärungen verlängert,
Endlos, ohne Maß.
O Nisami! – doch am Ende
Hast den rechten Weg gefunden:
Unauflösliches, wer löst es?
Liebende, sich wiederfindend.

Wiederfinden

Johann
Wolfgang
Goethe Ist es möglich! Stern der Sterne,
Drück ich wieder dich ans Herz!
Ach, was ist die Nacht der Ferne
Für ein Abgrund, für ein Schmerz!
Ja, du bist es, meiner Freuden
Süßer, lieber Widerpart;
Eingedenk vergangner Leiden,
Schaudr ich vor der Gegenwart.

Als die Welt im tiefsten Grunde
Lag an Gottes ew'ger Brust,
Ordnet' er die erste Stunde
Mit erhabner Schöpferlust,
Und er sprach das Wort: Es werde!
Da erklang ein schmerzlich Ach!
Als das All mit Machtgebärde
In die Wirklichkeiten brach.

Auf tat sich das Licht: so trennte
Scheu sich Finsternis von ihm,
Und sogleich die Elemente
Scheidend auseinanderfliehn.
Rasch, in wilden wüsten Träumen
Jedes nach der Weite rang,
Starr, in ungemeßnen Räumen,
Ohne Sehnsucht, ohne Klang.

Stumm war alles, still und öde,
Einsam Gott zum erstenmal!
Da erschuf er Morgenröte,
Die erbarmte sich der Qual;
Sie entwickelte dem Trüben
Ein erklingend Farbenspiel
Und nun konnte wieder lieben,
Was erst auseinanderfiel.

Und mit eiligem Bestreben
Sucht sich, was sich angehört;
Und zu ungemeßnem Leben
Ist Gefühl und Blick gekehrt.
Sei's Ergreifen, sei es Raffen,
Wenn es nur sich faßt und hält!
Allah braucht nicht mehr zu schaffen,
Wir erschaffen seine Welt.

So, mit morgenroten Flügeln,
Riß es mich an deinen Mund,
Und die Nacht mit tausend Siegeln
Kräftigt sternenhell den Bund.
Beide sind wir auf der Erde
Musterhaft in Freud und Qual,
Und ein zweites Wort: Es werde!
Trennt uns nicht zum zweitenmal.

An die Frau

*Eberhard
Meckel* Wenn ich manche Stunde ohne Schlummer
nächtlich liege, heiter, frei von Kummer,
fern von allem zeitlichen Verlangen,
will mich deine Nähe oft umfangen.

Steigst du selbst in Sehnsucht aus den Tiefen?
Hörst du meine Worte, die dich riefen?
Was uns je im Spiegelbild gebunden,
schattennah hat es hierher gefunden.

Ich betast im Dunkel deine Augen,
die so gern für helle Dinge taugen,
hauche lösend über deine Lider
meinen stillsten Atem immer wieder.

Was an Zartem, Leisem mir noch eigen,
möchte ich dir tröstend wieder zeigen,
und ich fühl es: Meine Hände fänden
deine unter vielen fremden Händen.

Da ich deine Haare überstreife,
spür ich kühl den Hauch vom ersten Reife –
überm Jungsein, welches wir verloren,
hast du unsre Söhne uns geboren –

Während wir schon nach Vergangnem fragen,
schauen sie noch hell zu künftgen Tagen,
und du hütest ihrem Blick verborgen,
wie die Zeit uns bannt in düstern Sorgen.

Ja, wie muß ich deine Falten lieben,
die um Stirn und Lippen dir geblieben,
und es sind für mich die wunderbaren
ernsten Zeichen von durchsorgten Jahren.

Was auch sei, dies will ich stets behalten!
Über Tag und Jahr wir zählen zu den Alten –
doch wie stets verbleibt mir deine holde
Gegenwart und zaubert sie in Golde . . .

Nie genug

Georg
von der
Vring

Bei meines Lebens Narretei'n,
da ward ich einmal klug,
ich liebte mich in dein Herz hinein,
und tat's doch nie genug.

Dein Mund so schön, dein Auge klar
war alles, was ich frug,
bis daß ich gar verwandelt war,
und war's doch nie genug.

Du wurdest unsre Mutter dann,
die meine Kinder trug,
ich saß bei dir und sah dich an,
und tat's doch nie genug.

Und als das Unheil lauerte
und als der Tod dich schlug,
da weint ich hin und trauerte,
und tat's doch nie genug.

Wie dank ich's dir? Das Leben hier
ist eines Vogels Flug.
Was ich noch bringe, bring ich dir,
doch nie und nie genug.

Johannes 's war nicht die Zeit, dich, Liebste, so zu lieben,
R. Becher Wie wir uns träumten: so soll Liebe sein.
Was ich dir schrieb – wie flüchtig hingeschrieben!
Wie lieblos hingesagt, dies: „Ich bin dein."
Es war nicht herzlos, nicht Lieblosigkeit.
's war nicht die Zeit dazu. 's war nicht die Zeit.

Mit allem Guten wollt ich dich beschenken,
Mit meiner Schwermut hab ich dich beschwert,
Ich hatte kaum Zeit, an dich zu denken,
Und du – wie warst du schön und liebenswert.
Die Unruh, die ich war, ließ dir nicht Ruh.
O Liebesglück – 's war nicht die Zeit dazu.

Mit einem Lächeln hast du mich empfangen
Und hast mit deinen Armen mich umschmiegt.
Und kaum empfangen, war ich weggegangen.
Da fragtest du: „Wo unsere Zeit wohl liegt?"
Und summtest eine alte Melodie:
„Wann wirst du Zeit sein, Zeit . . ." Die Zeit
        sprach: „Nie!"

Und eines Tages kam ich, dir zu berichten
Von einem Werk, das im Vollenden war:
„Und dafür, Liebste, mußten wir verzichten
Auf unser Glück so manches, manches Jahr –
Und ist das Werk vollendet ganz, alsdann
Wird Zeit sein, Zeit – und du fragst nicht mehr:
        „Wann?"

Liebeslied

Louis Fürnberg

Was weiß denn ich, wie lang mein Herz
noch schlägt, – im süßen Klang
des Lerchenlieds mein Herz erbebt,
was weiß denn ich wie lang,

was weiß denn ich, wie lang mein Herz
hinströmend im Gesang
noch an ein Herz rührt, das da lebt,
was weiß denn ich wie lang,

was weiß denn ich, wie lang mein Herz
noch schwillt im Überschwang,
wenn es sich in die Zukunft hebt,
was weiß denn ich wie lang?

An manchen Tagen bin ich müd
und arm und frag mich bang:
Wie lang bleibst du bei mir, mein Lied?
Wie lange noch, wie lang?

Dann such ich rasch nach deiner Hand
und halt mich an ihr fest
und weiß, mein Lied bleibt ja bei dir,
du, die mich leben läßt!

Liebesgedicht an meine Frau

Wieland
Herzfelde
Nach dem Wunderbaren stand mein Sinn,
Als das Leben lag im Frühlicht mir,
Trieb im Zauberstrom der Lust dahin –
Auch mit dir.

Kampf und Arbeit zügelten den Traum,
Und ich suchte nach dem Weg zum Wir.
Halt fand ich im rätselreichen Raum
Stets bei dir.

Mit dem Knaben, den du uns gebarst,
Gabst du Jugend wieder mir und dir,
Da du Mutter und Gespielin warst
Ihm und mir.

Macht die Zukunft durch des Enkels Blick
Unsre Gegenwart zum Wunder mir –
Du geliebte Frau, auch dieses Glück
Dank ich dir.

Wenn ich dereinst

Wilhelm Busch

Wenn ich dereinst ganz alt und schwach,
Und's ist mal ein milder Sommertag,
So hink ich wohl aus dem kleinen Haus
Bis unter den Lindenbaum hinaus.
Da setz ich mich denn im Sonnenschein
Einsam und still auf die Bank von Stein,
Denk an vergangene Zeiten zurücke
Und schreibe mit meiner alten Krücke
Und mit der alten zitternden Hand

So vor mir in den Sand.

Zehn Jahre schon

Claire Zehn Jahre schon daß du mich liebst
Goll Zehn Jahre zehn Minuten gleich
Und immer seh ich dich zum ersten Mal:

Die Taschen voller Rosen
Künftige Tränen hinter der Brille
Wie Diamanten in Vitrinen
In deiner Brust eine Lerche
Und unter den schüchternen Handschuhn
Die Zärtlichkeiten der Zukunft

Zehn Jahre schon daß du mich liebst
Daß auf allen Uhren
Die Zeit auf immer stillstand

An H.

Margarete
Neumann Daß ich dir nun doch,
nach allem,
noch begegnet bin!
Nach der verlorenen Hoffnung unter dem
    Frühnebel
und der Mittagsstille,
nach dem Gekrächz, dem Flatterflug der
    Nachtvögel,
ehe ich begonnen hatte
zu erfrieren:
daß ich dir begegnet bin!

Jetzt,
ob du gehst oder bleibst
(denn wer weiß, welche Berge brechen
und welche Fluten steigen),
jetzt,
nachdem unsere ausgestreckten Hände sich
    berührten,
suchend werde ich mich nicht mehr
über Wasser neigen
oder über fremde Augenpaare,
mein Gesicht zu finden;
Singen werde ich im Gehen, wie man singt,
wenn man nach Haus geht,
und kräftig ausschreiten.
Jetzt, nachdem unsere Hände
sich berührten.

Ermutigung

Heinz   Wenn sich zwei in ihre Liebe schlagen
Kahlau   wie in Mäntel gegen Zeit und Wind
und nach nichts, als nach sich selber fragen,
machen sie auch ihre Liebe blind.
Zeit und Wind wird ihren Kuß verwehn.

Eine Liebe läßt sich nur zu zweit ertragen,
wenn die Türen, die zur Welt gehn,
offen sind.

Was kommen wird

Ulrich   Was mich erwartet,
Grasnick   sind die Zweige der Bäume,
die ihr Grün funken
in die Dämmerung –

Was mich erwartet,
sind Sommergewitter
und das Echo
meiner Verse,
das bleiben soll
als ein freundlicher Gast
unter dem Dach deines Herzens.

Weg zwischen Land und Meer

Hans   Freundin, zieh deine Schuhe aus
Kromer und laß uns am Meer entlang gehn.
          Hinter uns werden die Spuren
          im Wasser zergehn.

          Hinter uns bleiben die Häuser
          mit den Kümmergärten zurück
          in denen die Kinder spielen:
          baun und zerstören, das Glück.

          Liebe Freundin, ich halte dich fest
          an meiner Hand,
          der Weg ist weit, wir brauchen einander
          an dem einsamen Strand.

Ich hatte mir den Vormittag

Gottfried Ich hatte mir den Vormittag
Unterdörfer in großer Ruhe vorgestellt.
        Nicht allzu derb den Wind in der Platane,

        den grellen Fliegenschnäpperruf von fern.
        Die Wolken schmal, daß plötzlich Sonne
        mich häufig wärmt und mein Gesicht erhellt.

        Nun höre ich das Kastensieb
        im Schütteln schlagen an das Holzgestell.
        Und Eimerquietschen folgt danach

        bei jedem Gummistiefeltritt im Gras.
        Und deine Stimme preist mir laut die Gare
        der Humusgabe für die Obstbaumscheiben.

        Es stört mich nicht. Den Eimer, den trägst du.
        Und wenn es still ist, sehe ich nach dir
        und warte auf das Siebgeräusch am Holz.

Silberdistel

Spröde Geliebte, im sandigen Boden der Armut
    geboren,
sparsam blühst du dahin unter dem windlosen Tag.

Nicht im Glashaus tropischer Wärme gepflegt
    und gezogen,
niemals blühst du am Markt, bietest zum Kaufe
    dich an.

Was deinen Schwestern gelingt, sind oft nur
    die leuchtenden Kleider,
auch nicht der Duft allein gibt einer Blume den Sinn.

Wer nur die Farbe liebt, wird an dir seine
    Ohnmacht erkennen.
Zäh wie der Bauer im Land blühst du auf
    sonniger Flur.

Wer dich pflückt, muß selbst durch die
    steinigen Halden gehen,
zwischen Himmel und Sand sprichst du zum
    offenen Ohr.

Bis an die Stufen der Fremde trägst du
    das Bild meiner Heimat,
herbe Blume des Lichts, komm und löse mein Wort.

Hanns
Cibulka

Dich zu preisen, dafür gab mir die Mutter
    die Sprache,
was ich am stärksten geliebt, fand ich in
    deiner Gestalt.

Darum nenn ich dich Schwester, einfach schlicht
    wie das Leben,
selbst unterm steigenden Mond neig ich mein Antlitz
    dir zu.

Auf deine klirrenden Blätter schreibe ich Zeilen
    der Liebe,
ach, du spürst ja wie ich all die Wehen der Zeit.

Nicht nach dem Winde sich drehend, den Bruder
    bestehlend,
immer wendet dein Haupt sich dem Kommenden hin.

Zart im Wuchs, streng in der Form, unbiegsam
    im Geiste,
blühst du am Herzen des Volks, treu deinem
    eignen Gesetz.

Silberdistel, Geliebte, lange hat es gedauert,
bis ich im Leben erkannt, daß du mein Eigen bist.

Trostlied

Johannes   Wenn alles dir zerfällt
R. Becher   Und hält im Fall nicht inn,
Und dir zerfällt die Welt
Und schwindet jeder Sinn –

Dann kehr ich bei dir ein
Und halt dich an mir fest,
Ich will der eine sein,
Der nimmer dich verläßt.

Wenn leer scheint jedes Wort,
Ins Leere greift die Hand,
Und du gehst von dir fort
Wie durch ein fremdes Land –

Dann kehr ich ein bei dir,
Daß wir zu zweit bestehn,
Und daß im Dunkel wir
Uns nicht verlorengehn.

Modellsitzen

Charlotte
Grasnick
Ich sitze
im Blickkorridor
deiner Fragen.

Wenn ich
unbewegt atme,
Stillsitzen
zur Qual wird,
möchte ich begreifen,
warum ich in dieser
Gefangenschaft
freiwillig bin.

Jetzt malst du mein Auge,
jetzt meinen Mund –
da fliegt ein Vogel auf,
die Katze springt
schreiend vom Fenster.

Geize nicht mit der Zeit

Helmut Geize nicht mit der Zeit,
Preißler ferne von mir;
auch in der Trennung
füllt deine Liebe mich aus.

Liebe, das ist nicht
Nahesein zwischen Nachtmahl und Frühstück;
Zärtlichkeiten und Lust
sind der Liebe zuwenig;
tausend Stunden Gemeinsamkeit
machen die Liebe nicht satt.

Liebe erfüllt sich im Mühen,
die Welt zu verbessern;
Liebe erfüllt sich im Streben,
einander wert zu sein.

Ich habe das Pochen gehört

Helmut Ich habe das Pochen gehört
Preißler in deinem Leib;
plötzlich haben die Kinder mich gern
und sprechen mit mir.

Säuglinge locken mit ihrem Geschrei mich zum
        Wagen,
lächeln, wenn ich mich zu ihnen neige;
kleine Kinder klettern zutraulich zu mir empor,
schenken mir Zärtlichkeiten, die ich nicht kannte.

Plötzlich entdecke ich Schönheit
in jedem verschmierten Kindergesicht;
plötzlich versteh ich die Sprache
der Augen, der Hände, der Laute.

Seit ich das Pochen gehört habe in deinem Leib,
sprech ich für sie, die noch stumm sind,
sprech ich für sie, die das Sprechen erst lernen;
und wie die Kinder
immer und immer ein Wort wiederholen,
sage ich:
Frieden!

Vom Sinn unserer Liebe

Gottfried
Herold Wir sind über die Raine gegangen in
vielen Mondstunden und haben die
Lieder erdacht –
kühne Träume vom Morgen –
für unsere Liebe.

Die Raine sind fruchtbar geworden
nach den Pflügejahren, und unsere Lieder
werden Wahrheit;
denn wir haben die Saat
gehütet
mit unserer Liebe.

Aber wenn die Mohnblumen brennen
in den Frühsommerwochen
und das Brot reift,
sind unsere Lieder bunte Vögel im Wind,
kündend unsere Liebe.

Der Herbst hißt den Kranz
über der Feier; wir ernten
unsere Träume.
Neue Lieder für unsere Kinder steigen
auf wie Drachen.
Sinn unserer Liebe.

Die Liebenden

Bertolt Sieh jene Kraniche in großem Bogen!
Brecht Die Wolken, welche ihnen beigegeben
Zogen mit ihnen schon, als sie entflogen
Aus einem Leben in ein andres Leben.
In gleicher Höhe und mit gleicher Eile
Scheinen sie alle beide nur daneben.
Daß so der Kranich mit der Wolke teile
Den schönen Himmel, den sie kurz befliegen
Daß also keines länger hier verweile
Und keines andres sehe als das Wiegen
Des andern in dem Wind, den beide spüren
Die jetzt im Fluge beieinander liegen
So mag der Wind sie in das Nichts entführen
Wenn sie nur nicht vergehen und sich bleiben
So lange kann sie beide nichts berühren
So lange kann man sie von jedem Ort vertreiben
Wo Regen drohen oder Schüsse schallen.
So unter Sonn und Monds wenig verschiedenen
    Scheiben
Fliegen sie hin, einander ganz verfallen.
Wohin, ihr? – Nirgend hin. – Von wem davon? –
    Von allen.
Ihr fragt, wie lange sind sie schon beisammen?
Seit kurzem. – Und wann werden sie sich trennen? –
    Bald.
So scheint die Liebe Liebenden ein Halt.

Anhang

Quellenverzeichnis

Die nachstehend aufgeführten Verlage erteilten uns freundlicherweise ihre Genehmigung zum Abdruck folgender Beiträge:

Atrium Verlag AG, Zürich
Erich Kästner *Gesammelte Schriften in sieben Bänden, Zürich 1959.* Copyright Atrium Verlag, Zürich.

Aufbau-Verlag, Berlin und Weimar
Johannes R. Becher *Liebe ohne Ruh, Berlin 1961; Vom Verfall zum Triumph, Berlin 1961* · Uwe Berger *Mittagsland, Berlin 1965* · Bertolt Brecht *Gedichte Band I–VI, Berlin 1961* · Franz Fühmann *Die Richtung der Märchen, Berlin 1962* · Louis Fürnberg *Gedichte 1927–1946, Berlin 1965; Das wunderbare Gesetz, Berlin 1956 (Dietz Verlag)* · Stephan Hermlin *Dichtungen, Berlin 1956* · Heinz Kahlau *Der Fluß der Dinge, Berlin 1964; Du, Berlin 1976* · Eberhard Meckel *Die Scherbenschwelle, Berlin 1956* · Margarete Neumann *Brot auf hölzerner Schale, Berlin 1959* · Eva Strittmatter *Mondschnee liegt auf den Wiesen, Berlin 1975* · Berthold Viertel *Der Lebenslauf, Berlin 1947.*

S. Fischer Verlag, Frankfurt/M.
Karl Vollmoeller *Die frühen Gärten, Berlin 1903* · Franz Werfel *Gedichte, 1953* · Stefan Zweig *Silberne Saiten, Berlin 1901 (Schuster u. Loeffler).*

Karl H. Henssel Verlag, Berlin
Joachim Ringelnatz *Und auf einmal steht es neben dir.*

VEB Hinstorff Verlag, Rostock
Kuba *Gedichte, Rostock 1961.*

Insel-Verlag Anton Kippenberg, Leipzig
Annemarie Bostroem *Terzinen des Herzens, Leipzig 1953.* Hugo von Hofmannsthal *Die Gedichte und kleinen Dramen, Leipzig 1949* · Ricarda Huch *Alte und neue Gedichte, Leipzig 1920;*

Gesammelte Gedichte, Leipzig 1929 · Rainer Maria Rilke *Ausge-wählte Werke Band I, Leipzig 1949.*

Kösel-Verlag, München
Gertrud Kolmar *Das lyrische Werk, München 1960* · Else Lasker-Schüler *Gedichte 1902–1943, München 1959.*

Langen-Müller Verlag, München–Wien
Max Dauthendey *Die ewige Hochzeit* · Frank Wedekind *Prosa, Dramen, Verse, München 1955.*

Limes Verlag, Wiesbaden
Claire und Ivan Goll *Zehntausend Morgenröten.*

Literatur-Verlag, Bukarest
Alfred Margul-Sperber *Sternstunden der Liebe (Mit freundlicher Genehmigung des Fondul Literar al Scriitorilor din R.P.R., Buka-rest).*

Mitteldeutscher Verlag, Halle (Saale)
Wolfgang Borchert *Das Gesamtwerk, Halle 1957* · Heinz Cze-chowski *Nachmittag eines Liebespaares, Halle 1962* · Adolf Endler *Erwacht ohne Furcht, Halle 1960* · Georg Maurer *Gestalten der Liebe, Halle 1964; Dreistrophenkalender, Halle 1965* · Kurt Steini-ger *Es öffnet sich der Kreis, Halle 1959* · Manfred Streubel *Inven-tur, Halle 1978* · Wolfgang Tilgner *Über mein Gesicht gehen die Tage, Halle 1971; Das älteste Handwerk, Halle 1974* · Wilhelm Tkaczyk *Regenbogenbaldachin, Halle 1970* · Walter Werner *Be-wegte Landschaft, Halle 1959.*

Otto Müller Verlag, Salzburg
Theodor Kramer *Vom Schwarzen Wein.*

Phaidon Verlags GmbH., Köln
Klabund *Gesammelte Werke Band V, Wien 1930.*

R. Piper Verlag, München
Ingeborg Bachmann *Gedichte, Erzählungen, Hörspiele, Essays* ·
Georg von der Vring *Abendfalter.*

Suhrkamp Verlag, Frankfurt/M.
Günter Eich *Botschaften des Regens* · Hermann Hesse *Die Gedichte, Frankfurt/M. 1953.*

Union Verlag, Berlin
Johannes Bobrowski *In: Liebesgedichte, Berlin 1962 (Volk und
Welt); Nachricht von den Liebenden, Berlin 1964 (Aufbau-Ver-
lag).*

Verlag Helmut Küpper (vorm. Georg Bondi), Düsseldorf und
München
Stefan George *Werke, Ausgabe in 2 Bänden, 1958.*

Verlag der Nation, Berlin
Günther Deicke *Du und dein Land und die Liebe, Berlin 1959;
Die Wolken, Berlin 1965* · Ulrich Grasnick *Der vieltürige Tag,
Berlin 1975; Ankunft der Zugvögel, Berlin 1976* · Ulrich Grasnick,
Charlotte Grasnick *Flugfeld für Träume, Berlin 1984* · Rudolf Le-
onhard *Ausgewählte Werke Band 3, Berlin 1964* · Georg Maurer
Lob der Venus, Berlin 1956 · Jo Schulz *Zwischen Frühling und
Frost, Berlin 1976.*

Verlag Neues Leben, Berlin
Rose Nyland *Fünf Kiesel am Bach, Berlin 1964* · Richard Pietraß
Poesiealbum 82, Berlin 1974 · Helmut Preißler *Zwischen Gräsern
und Sternen, Berlin 1963.*

Verlag Fritz Schlichtenmayer, Tübingen
Friedrich Bischoff *In: Botschaften der Liebe, hrsg. von Christine
Brückner, Berlin 1960 (Propyläen-Verlag).*

Für den Abdruck der folgenden Beiträge haben freundlicherweise die Autoren bzw. deren Erben die Genehmigung erteilt:

Christa Alten *Don Juan überm Sund* · Erich Arendt *Liebeslied* · Hans Bender *Abschied* · Volker Braun *Auseinandergehn* · Hanns Cibulka *Silberdistel; Abschied* · Günter Eich *Regensiziliane* · Adolf Endler *Gewitter* · John Erpenbeck *Du sagst nicht Ja* · Jens Gerlach *Der Herbst kommt grau; postkarte* · Günter Gregor *Späte Liebe* · Peter Hacks *Demut der Liebe; Kiefern und Rosen* · Gottfried Herold *Vom Sinn unserer Liebe* · Wieland Herzfelde *Liebesgedichte an meine Frau* · Peter Huchel *Von Nacht übergraut* · Rainer Kirsch *Picasso: Sylvette im Sessel* · Hans Kromer *Weg zwischen Land und Meer* · Günter Kunert *Morgen kommt* · Eva Lippold *Der graue Regen rinnt* · Hans Lorbeer *Nur ein kleines Frühlingslied* · Margarete Neumann *An H.* · Rose Nyland *Ich hab Sehnsucht gehabt* · Heinz Piontek *Anja* · Jo Schulz *Uralte Sehnsucht* · Gisela Steineckert *Vorahnung* · Mary Tucholsky für Kurt Tucholsky *Sie, zu ihm; Sehnsucht nach der Sehnsucht* · Vera Tügel-Dehmel für Richard Dehmel *Aus banger Brust; Empfang* · Gottfried Unterdörfer *Ich hatte mir den Vormittag* · Paul Wiens *Stadtfrühling; Weißt du noch* · Christiane Wolter *Mainacht* · Georg Zemke *Warum stehst du im Regen*.

Inhalt

313

315

317